AF315572

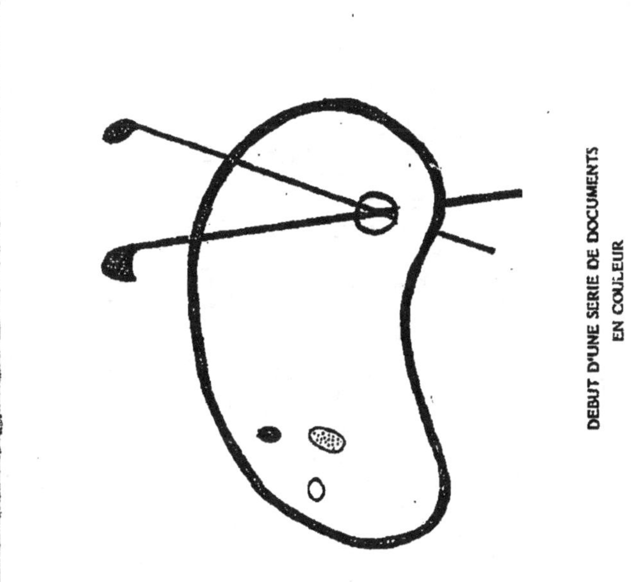

DEBUT D'UNE SERIE DE DOCUMENTS EN COULEUR

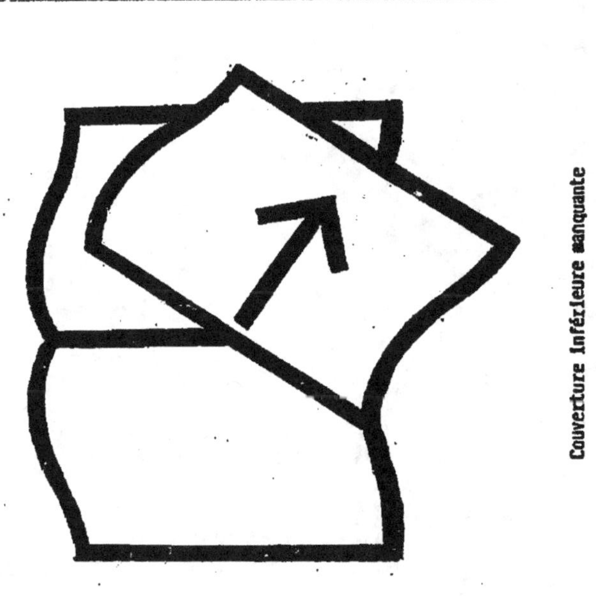

Couverture Inférieure manquante

PUBLICATIONS
DE LA SOCIÉTÉ HISTORIQUE DU VEXIN

RÉPERTOIRE

DES PROMOTIONS ECCLÉSIASTIQUES

DANS

LE VEXIN & LE DOYENNÉ DE BRAY

(1600-1719)

SUIVI DE DOCUMENTS COMPLÉMENTAIRES

publiés

Par J. DEPOIN

Secrétaire général de la Société

PONTOISE

SOCIÉTÉ HISTORIQUE DU VEXIN

52, RUE BASSE, 52

1916

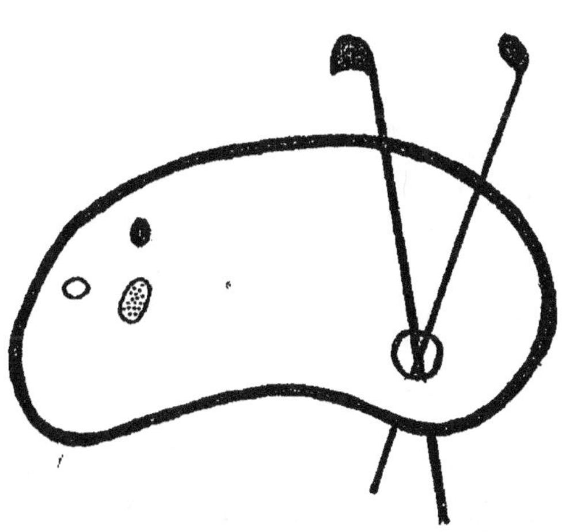

FIN D'UNE SERIE DE DOCUMENTS
EN COULEUR

RÉPERTOIRE

DES PROMOTIONS ECCLÉSIASTIQUES

DANS

LE VEXIN & LE DOYENNÉ DE BRAY

PUBLICATIONS
DE LA SOCIÉTÉ HISTORIQUE DU VEXIN

RÉPERTOIRE

DES PROMOTIONS ECCLÉSIASTIQUES

DANS

LE VEXIN & LE DOYENNÉ DE BRAY

(1600-1719)

SUIVI DE DOCUMENTS COMPLÉMENTAIRES

publiés

Par J. DEPOIN

Secrétaire général de la Société

R.F.

PONTOISE

Société Historique du Vexin

52, RUE BASSE, 52

—

1916

RÉPERTOIRE

DES PROMOTIONS ECCLÉSIASTIQUES

DANS

LE VEXIN & LE DOYENNÉ DE BRAY

DE 1600 A 1719

Parmi les documents versés aux Archives de la Seine-Inférieure par application des lois de séparation, et provenant des dépôts de l'Archevêché, il s'en trouve un particulièrement intéressant pour l'histoire ecclésiastique du Vexin. C'est le répertoire analytique des registres épiscopaux où, de 1600 à 1712, furent consignés les actes relatifs à la collation des cures et bénéfices placés sous l'autorité de l'Ordinaire. Ces actes sont pour ainsi dire exclusivement des *visas* de provisions obtenues du Pape par les bénéficiers, ou des *provisions* accordées directement par l'Archevêque. Celles-ci sont données de plein droit, *pleno jure*, partout où le prélat est lui-même le collateur de la cure ou du bénéfice, et dans certains cas exceptionnels. Tels sont la désertion du poste par le titulaire, une vacance prolongée en raison du non-exercice du droit de présentation par les intéressés, ou d'un procès entre plusieurs patrons. La cœxistence de droits simultanés à la nomination des bénéficiers occasionnait souvent de longs débats judiciaires, l'alternance n'étant pas toujours admise par la coutume. Ainsi l'abbesse du Trésor présentait à la cure d'Ecos une fois sur six. De crainte de laisser périmer leurs droits, les patrons faisaient des présentations sans que ce fût leur tour de nommer, et obtenaient de l'Ordinaire des provisions de pure sauvegarde : *ad conservationem juris*. Lorsqu'un patron laïque mourait laissant des enfants mineurs, le Roi se substituait à lui durant la minorité de l'aîné des héritiers, dont il prenait la garde-noble.

Lorsque, pour une cause quelconque, un candidat avait pris possession, les provisions accordées à un concurrent ne l'étaient que sous réserve qu'il plaidât au pétitoire, « le lieu étant rempli », ou « pourvu ». La mort ou le désistement d'un compétiteur, ou le consentement tardif d'un des patrons en désaccord amenaient de nouvelles provisions données pour accroissement de droits : *jura juribus addendo*. Parfois le prélat déclare obéir à des lettres royaux ou à des arrêts judiciaires : *parendo litteris regiis compulsoriis* ou *in vim senatus consulti*.

La vacance d'office était parfois prononcée après un procès canonique devant l'Officialité, pour cause de simonie (vente ou échange moyennant soulte de bénéfices ecclésiastiques, conventions déclarées criminelles par le droit religieux).

Lorsqu'une cure est rattachée à une institution monastique et doit être desservie par un membre de la congrégation, si le candidat est simple novice ou ne fait pas encore partie de l'ordre, il doit prendre l'engagement d'y entrer définitivement comme profès ; c'est la raison d'être de la formule : *cum voto profitendi*. La nomination est faite sous cette réserve.

Certains bénéfices étaient à la collation directe d'un chapitre de collégiale ou d'abbaye royale jouissant du privilège de l'*exemption*. Tels étaient St-Mellon de Pontoise, dont le chapitre nommait directement aux cures du doyenné de cette ville ; Saint-Cande-le-Vieux de Rouen, dont le doyen (titre uni à l'évêché de Lisieux) nommait à la cure d'Etrépagny ; l'abbaye de Fécamp, etc. Sans jouir de l'exemption, d'autres abbayes comme le Bec-Hellouin et Saint-Wandrille, exerçaient le droit de patronage sur de nombreuses cures du Vexin ; mais si la vacance de l'un des postes coïncidait avec celle du siège abbatial ou du décanat en droit de nommer, ce droit était pour cette fois seulement ressaisi par l'évêque, qui jetait son dévolu sur le bénéfice, *jure devoluto*.

La formule *causa permutationis* vise les échanges de bénéfices convenus entre deux titulaires et approuvés par l'Ordinaire respectif. Quand la mutation se fait d'un diocèse à un autre, le registre ne mentionne naturellement que le transfert qui le concerne, et ne dit pas ce que devient le titulaire qui quitte le diocèse de Rouen.

Les registres analysés dans le volumineux recueil (in-folio sur papier, n° 36 du nouveau fonds de l'Archevêché) dont nous allons donner des extraits concernant les archidiaconés de Pontoise, des Vexins français et normand et le doyenné de Bray, n'étaient pas, en 1712, absolument complets, et le fonds lui-même présentait une lacune. On ne s'étonnera donc pas si la succession des titulaires de bénéfices n'est pas toujours rigoureusement établie.

Lors de la rédaction du répertoire, les registres des années 1608 à 1610 ne se trouvèrent pas au secrétariat de l'Archevêché. Lorsqu'on les récupéra, on se contenta d'intercaler dans le recueil quelques pages où se voit, non plus une analyse des actes, mais une simple table des noms de paroisses ou des titres de bénéfices, avec la date d'enregistrement des pièces qui les concernent, pièces dont le caractère n'est pas relaté, non plus que les noms des impétrants. Cette table n'est pourtant pas sans utilité : elle signale une vacance, une mutation aux dates indiquées. Mais rien ne peut suppléer aux disparitions ainsi constatées : « Il manque ici quelques feuilles du registre ». Cette mention suit une analyse du 5 novembre 1614 et en précède une autre du 17 novembre 1615. Ainsi la trace est perdue des actes épiscopaux d'une année entière. Par ci par là, d'autres lacunes possibles sont signalées : les dates se suivant, elles ne sont peut-être qu'apparentes.

Si les registres diocésains n'offraient plus, depuis 1620, d'interruption ni de mutilation, il ne s'ensuit pourtant pas qu'on y trouve tout ce qu'on serait en droit d'y chercher. Les doyennés de Gisors et de Baudemont sont les seuls où se rencontrent des paroisses dont le répertoire permet de dresser la liste intégrale des pasteurs, de 1600 à 1712.

La moyenne des actes qui les concernent et qui figurent au répertoire est de douze par cure, et suppose huit à dix titulaires effectifs, les autres documents concernant des concurrents évincés. En feuilletant les relevés des doyennés du Vexin français, on verra de suite combien on est loin de compte. Cela tient à ce que bien des actes passaient par le Grand-Vicariat de Pontoise qui tenait, lui aussi, des registres dont il sera nécessaire de reprendre le dépouillement, bien qu'il ait été poussé fort loin par le regretté M. de Beaurepaire, pour

Rouen, et par M. Coüard, pour Versailles, dans les inventaires si précieux de la série G de leurs archives respectives.

L'on tenait en outre des registres spéciaux aux visites diocésaines ; ces documents, de format portatif, sont désignés souvent par ces mots : « un petit registre de campagne ». Il a dû s'en égarer plus d'un. Des nominations faites en tournée pastoral se rencontrent déjà fréquemment dans le *Registre de visites* d'Eudes Rigaud. On les trouve ici mentionnées parfois avec la formule : « en cours de calende ».

Calende est un vieux mot à qui le bon La Fontaine n'a pas manqué de donner asile dans ses *Contes* (¹). C'est une assemblée de curés de campagne — une conférence — présidée par l'évêque, et qui a pris ce nom de l'ancien usage gallo-romain de se réunir pour les manifestations populaires ou sociales le premier jour du mois.

Nous avons procédé au dépouillement du répertoire en classant nos extraits par paroisses et par doyennés. En tête de chaque doyenné, nous avons résumé les indications fournies sur la topographie ecclésiastique et civile, par le précieux ouvrage de Dom Toussaint Duplessis (*Description géographique et historique de la Haute-Normandie*, 1740, 2 vol. in-4°).

L'œuvre du consciencieux bénédictin garde pourtant quelques lacunes. Les noms de vingt-quatre patrons d'églises comprises dans notre département n'ayant pas été relatés par dom Duplessis, nous y avons suppléé soit par les indications inscrites au répertoire même, soit grâce à l'obligeance de notre excellent collègue et ami Louis Régnier.

Nous avons aussi relevé les provisions des charges d'archidiacre du Vexin français et du Vexin normand dans l'église de Rouen. Cette dualité de titulaires résultant de la division du Vexin n'existait pas encore dans la seconde moitié du XII° siècle (²). On sait que,

---

(1) C'était jour de calende, et nombre de confrères
　　Devaient diner chez lui... (*Le Cas de conscience*)

(2) En 1175, un seul des archidiacres de l'église de Rouen, dans un acte passé aux Andelys, où figurent tous les dignitaires du chapitre, s'intitule *Wilcassinensis archidiaconus*. (*Cartulaire de St-Martin de Pontoise*, p. 139).

depuis le règne de saint Louis, le véritable représentant de l'archevêque à Pontoise et dans le Vexin français fut un grand vicaire dont l'officialité s'étendait sur tout l'archidiaconé. Les archidiacres du Vexin français résidant à Rouen n'avaient qu'un titre honorifique, et l'un d'eux, ayant essayé de le rendre effectif, s'attira un échec complet (1).

Le doyenné de Bray, enclavé dans les limites géographiques du Vexin, l'était aussi dans son territoire primitif, puisque Vardes, paroisse de ce doyenné, est dite « en Vexin » par les diverses vies de saint Germer. Aussi, tandis que le pays de Bray, s'étendant de Neufchâtel à Beauvais, fut incorporé dans le pays de Caux, et qu'à l'archidiaconé de Caux furent rattachés naturellement les doyennés de Foucarmont et d'Envermeu, le doyenné de Bray, compris entre l'Epte et l'Andelle, ne fut pas détaché de l'archidiaconé du Vexin normand. Il devait donc être compris dans notre dépouillement.

Toutes les indications que nous avons tirées du répertoire sont précédées d'un numéro d'ordre destiné à faciliter les recherches d'après les tables onomastiques.

Quant aux nomenclatures principales, les dispositifs suivants ont été adoptés :

Division générale par archidiaconés et doyennés.

Ordre alphabétique des chefs-lieux de cure.

Rattachement à ces centres paroissiaux des fondations accessoires et des établissements réguliers.

Impression en *italiques* des noms des saints sous l'invocation desquels sont placés les sanctuaires.

Insertion entre crochets de l'indication des personnalités exerçant le droit de patronage ou de présentation aux bénéfices ecclésiastiques.

Les mentions concernant le ressort du Grand Vicariat de Pontoise sont malheureusement, dans le Répertoire, beaucoup moins suivies que pour le Vexin normand, où les listes de curés, dans certaines

(1) J. DEPOIN, le *Livre de raison de l'abbaye de St-Martin de Pontoise*, p. 25-27

paroisses tout au moins, sont complètes durant cette période plus que séculaire. Désirant combler, au moins en partie, ces vides regrettables pour l'histoire ecclésiastique du Vexin français, nous avons emprunté une série très importante de mentions allant de 1600 à 1637, concernant des provisions données dans le ressort du vicariat général de Pontoise, et qui nous ont été conservées par un autre dépouillement, celui des *Registres des insinuations ecclésiastiques* conservés à l'hôtel archiépiscopal de Pontoise, au greffe de l'Officialité, et dont le premier commence en 1560. Ces registres ont été examinés avec assez de soin dans une série de vacations commencées le 30 juin 1637, par les représentants de l'Archevêque de Rouen, Nicolas Guesdon, procureur, et Guillaume Crespin, greffier en l'Officialité. Ils poursuivaient l'exécution de lettres royaux du 20 mai précédent obtenues par François II de Harlay, l'autorisant à dresser judiciairement un compulsoire des titres et documents établissant l'autorité spirituelle de ses devanciers sur Pontoise et le Vexin français. Le recueil ainsi formé comprenait 355 folios ; il ne subsiste plus que deux tronçons de ce registre, les feuillets 1-110 et 131-355. La lacune de vingt feuillets porte sur l'analyse des registres VII et VIII du greffe des Insinuations, c'est-à-dire sur les nominations faites dans le clergé du ressort de Pontoise entre la fin de 1586 et la fin de 1594. Le dépouillement pour la période qui nous intéresse n'a pas été mutilé.

Nous désignons par des *chiffres accompagnés de lettres* les mentions tirées de ce recueil, pour compléter le *Répertoire* : elles sont suivies d'un double renvoi aux folios du *Compulsoire* et aux registres originaux d'où elles furent extraites.

ARCHIDIACONÉS

ARCHIDIACONÉ DU VEXIN FRANÇAIS

1. — 1601, 18 septembre. Visa de l'archidiaconé du Vexin français, à Notre-Dame de Rouen, vacant par la résignation de M. Jacques de Bullion, en faveur de M. Godefroy Dantein, *jure alieno salvo.*

(Cette provision est mentionnée sous la date du 18 septembre 1600 au Xe Registre des Insinuations, fol. 154, d'après le *Compulsoire*, fol. 148).

2. — 1602, 19 septembre. Visa de l'archidiaconé vacant par la résignation de M. Geoffroy Dantain, pour M. Charles de Hacqueville, *causa permutationis, jure alieno salvo.*

3. — 1658, 10 octobre. Visa de l'archidiaconé vacant par la résignation de M. Jean Caresmel en faveur de M. Charles Romé, *causa permutationis.*

4. — 1662. Visa d'un canonicat et prébende de Saint-Saire et de l'archidiaconé du Vexin français à N.-D. de Rouen vacant par la résignation de M. Charles Romé en faveur de M. Antoine Magnet, *causa permutationis*; à Gaillon, le 14 septembre (Antoine Maignet *(sic)* résigne à la même date la dignité de grand chantre, avec le canonicat et prébende y annexé à N.-D. de Rouen, en faveur de M. Ch. Romé).

5. — 1687, 10 avril. Provision de l'archidiaconé du Vexin français vacant par la démission de M. Raoult Bretel d'Estalleville, pour M. Estienne de Fieux, *jura juribus addendo.*

6. — 1688, 19 janvier. Visa de l'archidiaconé du Vexin français, vacant par la démission de M. Raoult de Bretel *(sic)* en faveur de M. Nicolas Papavoine de Canapville.

ARCHIDIACONÉ DU VEXIN NORMAND

7. — 1629, 23 mai. Visa de l'archidiaconé du Vexin normand à Notre-Dame de Rouen, vacant par la résignation de M. Pierre Fouchault, pour M. Henry de Mathan, *ad conservationem juris*, Monseigneur ayant pourvu de plein droit le sieur François de Guillenguy *(sic)* sur la mort de M. Aimé du Buisson dernier titulaire, *jure alieno salvo.*

8. — 1662. Provision de l'archidiaconé du Vexin normand, vacant par la

démission de M. Guillaume Le Maistre pour M. Pontcarré, *pleno jure*; du 14 juillet, à Gaillon.

9. — 1669, 17 avril. Visa de l'archidiáconé du Vexin normand, vacant par la résignation de M. Pierre Camus de Pontcarré, en faveur de M. Nicolas Paris.

10. — 1670. Provision de l'archidiaconé du Vexin normand, vacant par la mort de M. Nicolas Paris, pour M. Charles Mallet, *pleno jure*; du 30 avril, à Gaillon.

11. — 1680, 21 août. Provision de l'archidiaconé du Vexin normand, vacant par la mort de M. Charles Mallet, pour M. Alexandre Gallet, *pleno jure*.

12. — 1681, 29 avril. Provision (*comme ci-dessus*) pour M. Guillaume Bochart de Champigny, de plein droit.

13. — 1706, 29 décembre. Provision de l'archidiaconé du Vexin normand dans l'église cathédrale de Rouen, vacant par la démission de M. Pierre Longuet, pour M. Jacques-Athanase de Gouëy, de plein droit.

VICARIAT DE PONTOISE ET DU VEXIN FRANÇAIS

13 a. — 1602, 10 mars. Provision, par Charles III de Bourbon, à Charles de Boves, des fonctions de vicaire général de l'Archevêque de Rouen à Pontoise et dans le Vexin français. *Texte intégral* d'après le Reg. XI, fol. 7 ; *Compulsoire*, fol. 149.

13 b — 1605, 6 novembre. Seconde provision du même office, par François Iᵉʳ de Joyeuse à Charles de Boves. *Texte intégral* d'après le Reg. XIII, 26 ; *Compulsoire*, 155.

13 c. — 1615, 14 septembre. Provision du grand-vicariat par le Chapitre de Rouen, *sede vacante*, à Mᵉ Nicolas Le Roger, prêtre et chanoine de l'église métropolitaine. Reg. XV, 12 ; *Compulsoire*, 160.

13 d. — 1615, 29 novembre. Troisième provision du même office, par François II de Harlay, à Charles de Boves. Reg. XV, 19 : *Compulsoire*, 160.

13 e. — 1623, 7 janvier. Provision, à Pierre Acarie, du même office vacant par la mort de Charles de Boves. *Texte intégral* d'après le Reg. XXI, 96 ; *Compulsoire*, 178.

13 f. — 1629, 22 janvier, 12 mai, 13 octobre. Provision de la chapelle du Bordeau de Vigny, des cures de Genicourt et de Fremecourt, données par Mᵉ Jacques Jacquart, grand-vicaire de Pontoise (¹). Reg. XVIII, 131, 92 et 221 ; *Compulsoire*, 171-172.

(1) Le dernier acte de provision donné par Pierre Acarie est du 5 juillet 1628, pour la cure de Guiry. Reg. XVIII, 44 ; *Compulsoire*, 171.

Il conserva la chapellenie de Saint-Martial, dans l'hôtel archiépiscopal de Pontoise, jusqu'au 1ᵉʳ octobre 1630. Voir ci-après, *Doyenné de Meulan*, article *Pontoise*.

Pierre Acarie fut appelé à Rouen par François II de Harlay qui le nomma chanoine théologal, grand pénitencier et official ; on doit à son initiative la formation de la bibliothèque de l'Archevêché, que le même prélat dota et rendit publique.

13 g. — 1630. 11 octobre. Provision du grand-vicariat à Hippolyte Féret. Reg. XX, 50 ; *Compulsoire,* 173.

13 h. — 1632, 3 mars. — Jean Anroux, exerçant les fonctions de vicaire général, donne provision d'une portion de la cure de St-Maclou. Reg. XX, 57 ; . *Compulsoire,* 176'.

13 i. — 1632, 30 septembre. Commission d'exercer les attributions de vicaire général de Pontoise à Mᵉ Richard de la Mer, par la résignation du sieur Anroux. Reg. XX. 23 ; *Compulsoire,* 176.

(Dans l'intervalle, le 25 septembre 1632, le grand-vicaire Hippolyte Féret, qui conserva ses fonctions, donna provision de la cure du Bellay. Reg. XX, 52 ; *Compulsoire,* 176).

ARCHIDIACONÉ DU VEXIN FRANÇAIS

DOYENNÉ DE PONTOISE

Ennery. *St-Aubin* [L'Archevêque].
— Chapelle de *St-Jean-Baptiste* [Id.].
— Hôpital de *St-Antoine* du Val-le-Roi (uni aux Minimes de Beauvais).
Genicourt. *St-Pierre* [St-Martin de Pontoise].
Livilliers. *Notre-Dame* [Id.].
Osny (primitivement Oeny). *St-Pierre* [Le Chapitre de Beauvais et l'Archevêque, alternant].
— Chapelle de *St-Jacques*, unie à la cure en 1604.
Pontoise. *St-Mellon*, église collégiale et paroissiale du château [Le Seigneur engagiste représentant le Roi].
— *St-André* [Le Chapitre de St-Mellon].
— *St-Maclou* [Id.]. Les deux portions qui furent réunies en 1736.
— Chapelles de *St-Clair*, de *St-Jean* et de *St-Nicolas*, à St-Mellon [Le Doyen].
— Chapelle de *St-Denis*, id. [St-Denis en France].
— Chapelle de *St-Guillaume*, depuis *Notre-Dame de Pitié* (dite du Tombeau), à St-Maclou, cédée en 1466 par l'Hôtel-Dieu aux fabriciens [Le Doyen de St-Mellon, 1514-1607, puis le Roi].
— Chapelle Mallet (*St-Louis*), à St-Maclou [Id.].
Puiseux. *St-Pierre* [St-Martin de Pontoise].

Ce doyenné constituant l'exemption de St-Mellon représentait l'ancien archidiaconé de Pontoise rattaché au Xe siècle à l'évêché de Paris.

La châtellenie de Pontoise comprenait, outre les paroisses de ce doyenné, les suivantes ('') :

Ablèges, *Amblainville, Arronville, Berville,* Boissy-l'Aillerie, Bréançon, Brignancourt, Cergy, Chars, **Commeny**, Cormeilles-en-Vexin, Courcelles-sur-Viosne, Courdimanche, Eplais, Gerocourt, Gouzangrez, Grisy, *Haravilliers,* Hérouville, Le Hôme-en-Vexin, Labbeville, Marines, Menouville, Montgeroult, *Neuville-Bosc,* Le Perchay, Pontoise (les autres paroisses), Sagy, Santeuil, Us, Vallangoujard, La Villeneuve-St-Martin, *La Villeneuve-le-Roi.*

(1) Les paroisses imprimées en italiques appartenaient au doyenné du Chaumont; celles imprimées en romain à celui de Meulan ; *Commeny* à celui de Magny.

Ennery. — *Cure.*

13 j. — 1602, 28 février. Provision, par l'Archevêque, à Jean Subtil, promoteur de l'Officialité. 16 avril, mise en possession par Me Mellon Soret. Reg. XI, 7 ; *Compulsoire,* 150'.

13 k. — 1602, 16 mars. Provision, par Charles de Boves, grand vicaire de Pontoise, à Marin Bouillette. 12 août, mise en possession par Me Mellon Soret. Reg. XI, 18 ; *Compulsoire,* 151.

13 l. — 1616, 16 septembre. Robert Subtil, curé d'Ennery, met en possession de la chapelle St-Jean-Baptiste, dans son église, Jean Beauchesne. Reg. XI, 59 ; *Compulsoire,* 160'.

Ennery. — *Chapelle St-Jean-Baptiste.*

13 m. — 1616, 5 septembre. Provision, à Me Jean Beauchesne, sur la démission de Me Pierre Beauchesne. (Voir ci-dessus no *13 l*).

14. — 1670. Provision de la chapelle de St-Jean, dans l'église St-Aubin d'Ennery, vacante par la mort de M. Jean le Tellier, pour M. Pierre le Tellier, *pleno jure ;* à Pontoise, le 10 mai.

Ennery. — *Chapelle St-Antoine.*

15. — 1676, 18 janvier. Provision de la chapelle de St-Antoine à Ennery, vacante par la mort du sieur Richelet, pour M. Jean Niette, *pleno jure.*

16. — 1681. Provision de la chapelle de St-Antoine en la paroisse d'Ennery, du Vexin français, archidiaconé de Pontoise, vacante par la mort du sieur Rigoulet, pour M. Jacques de Monthiers, de plein droit ; à Grisy, 1er décembre.

Genicourt. — *Cure.*

16 b. — 1605, 7 février. Provision de la cure, sur la présentation de l'Abbé de Saint-Martin de Pontoise, à Mellon May. 8 février, mise en possession par Me Louis Bordereau. Reg. XII, 196 ; *Compulsoire,* 154.

16 c. — 1611, 19 octobre. Provision à Louis Bordereau. 4 novembre 1613, mise en possession par Adrien Crespin, prêtre. Reg, XV, 185 ; *Compulsoire,* 159'.

16 d. — 1629, 12 mai Provision, à Me Pierre Martel, par le grand-vicaire de Pontoise, Jacques Jacquard. Reg. XVIII, 92 ; *Compulsoire,* 171'.

17. — 1662, 1er février. Provision de la cure de St-Pierre de Genicourt près Pontoise, vacante par la démission de M. Claude Gérenton, pour M. Jean Botté, *causa permutationis.* (Le démissionnaire résigne en même temps la chapelle de Bercagny (Chars) au doyenné de Meulan).

18. — 1677. Visa de la cure de St-Pierre de Genicourt, vacante par la démission de M. Jean François Flamen, pour M. Nicolas Flamen, *causa permutationis.*

Osny. — *Cure.*

19. — 1671, 22 août. Provision de la cure d'Osny, archidiaconé de Pontoise, vacante par la mort de M. Jean Arnould, pour M. Nicolas le Febvre, sur la présentation du Chapitre, à cause de la vacance du siège.

Osny. — *Chapelle du manoir de Châteaupers.*

20. — 1600. Provision de la chapelle de St-Jacques dans le manoir de Chasteauperis (*sic*), paroisse d'Osny près Pontoise, vacante par la mort de M. Jean de Breda, pour M. Jean le Vasseur présenté par le seigneur dudit lieu de Osny ; du 23 mars.

21. — 1601. Provision de la chapelle de St-Jacques — vacante par le mariage contracté par M. Pierre Billet, pour M. Ambroise de Varades présenté par le seigneur du lieu, *ad conservationem juris ;* du 4 juin.

21 a. — 1604, 12 août. Union prononcée par le cardinal Charles III de Bourbon, archevêque de Rouen, à la requête des marguilliers d'Osny, de la chapelle St-Jacques d'Osny à la Fabrique de ladite paroisse. Reg. XVII, 36 ; *Compulsoire* 165'.

Pontoise. — *Cure de Saint-André.*

21 b. — 1624, 16 juillet. Provision de la cure de St-André, à Guillaume Poupel, par Pierre Acarie, grand-vicaire de Pontoise et du Vexin, sur *visa signatura* et avec ces termes : « *auctoritate prefati Domini mei Rothomagensis archiepiscopi, Nobis concessa et quâ fungimur in hac parte, contulimus...* » Donnée à Pontoise ; contresignée Anroux. Mise en possession par Anroux le 20 juillet, insinuée le 11 octobre. Reg. XVII, 135 ; *Compulsoire,* 166'.

21 c. — 1631, 22 juillet. Provision à Pierre Fraguier, sur la présentation du Chapitre de St-Mellon. 23 juillet, mise en possession par Me Louis Bordereau. Reg. XX, 13 ; *Compulsoire,* 176.

Pontoise. — *Cure de Saint-Maclou.*

21 d. — 1627, 11 février. Provision de l'une des portions de cure à Nicolas Laudin. 25 mars, mise en possession par Me Gache. Reg. XVIII, 10 ; *Compulsoire,* 170'.

21 e. — 1631, 9 avril. Provision d'une portion de la cure à Mellon May. 10 avril, mise en possession par Me Yon. Reg. XX, 56 ; *Compulsoire,* 176'.

21 d. — 1632, 3 mars. Provision d'une portion de la cure à Mellon Soret. 21 avril, mise en possession. Reg. XX, 57 ; *Compulsoire,* 176'.

22. — 1710, 15 février. Provision de la cure de St-Maclou de Pontoise pour la 2e portion, vacante par la mort de M. Charles de Bornat, pour M. Guillaume Godin comme gradué sur le Chapitre de St-Mellon dudit lieu.

23. — 1710, 26 mai. Visa de la 2e portion de St-Maclou de Pontoise, vacante par la cession ou résignation du droit de M. Guillaume Godin en faveur de M. Prix-Hyacinthe Deschamps.

24. — 1712, 14 janvier. Visa de la 2e portion de St-Maclou — vacante par la résignation de M. Prix-Hyacinthe Deschamps en faveur de M. Jean-Baptiste Marie [1].

---

(1) J.-B. Marie réunit en 1736 deux portions de la cure de St-Maclou de Pontoise, qui depuis n'a plus été divisée.

DOYENNÉ DE MEULAN

* **Ablèges.** *St-Martin* [St-Denis-en-France, par transaction avec l'archevêque Jean de Rouen en 1071].

* **Auvers-sur-Oise.** *Notre-Dame* [St-Vincent de Senlis].
  — Chapelle de *St-Nicolas* [Id., 1490 ; puis l'Archevêque].
  — Prieuré de *St-Martin* [St-Martin de Pontoise, 1705-1738], remplaçant un couvent de Bénédictines fondé par la reine de France, Blanche d'Evreux.

Avernes. *St-Lucien* [Sausseuse, par don de Jean d'Avernes en 1172].
  — Chapelle de *St-Sauveur* au manoir d'Avernes, érigée en 1686 [Les hoirs du fondateur].
  — Léproserie (unie à l'Hôtel-Dieu de Meulan).

Boisemont-sur-Meulan. *La Madeleine* [Ressons].

* **Boissy-l'Aillerie.** *St-André* [St-Denis, par transaction avec l'archevêque de Rouen en 1071].
  — Prieuré de *St-Léger* (uni à la cure).
  — Chapelle de *St-Jacques* [St-Denis-en-France].

* **Bréançon.** *SS. Crépin et Crépinien* [L'Archevêque].
  — Prieuré de *St-Nicolas* du Rosnel [St-Martin de Pontoise].

* **Brignencourt** (ou Bréancourt). *St-Pierre* [L'Archevêque].

* **Cergy** (exemption de St-Denis). *St-Christophe* [St-Denis].
  — Prieuré [Id.].

* **Chars.** *St-Sulpice* [St-Denis, en litige avec le Seigneur].
  — Hôpital de *St Blaise* (uni aux Mathurins de Pontoise).
  — Chapelle des *SS. Jacques et Christophe*, de Bercagny [Le Curé, 1504-1548 ; puis St-Martin de Pontoise].
  — Léproserie de *St-Jean-l'Evangéliste* [Le Curé, xiiie s. ; le Seigneur, 1577-1738].
  — Chapelle de *Ste Anne* au château de Chars [Le Seigneur, 1560].

Condécourt. *St-Pierre-ès-liens* [Le Bec et Coulombs, alternant, par transaction de 1243].

* **Cormeilles-en-Vexin.** *St-Martin* [St-Denis].
  — Chapelle de *la Madeleine*, ancienne maladerie [St-Cyr].

* **Courcelles-sur-Viosne.** *St-Lucien* [L'Archevêque].

* **Courdimanche.** *St-Martin* [Le Bec]

* **Epiais.** *St-Didier* ou *Notre-Dame* [St-Quentin de Beauvais].

Fremainville. *St-Clair* ou *St-Pierre* [L'Archevêque].

* Fremecourt. *Notre-Dame* [Id.].

Gadancourt. *St-Martin* [Le Bec, 1141-1467 ; puis St-Lô de Rouen].

Gaillon-en Vexin. *Notre-Dame* [St-Père de Chartres].
— Chapelle de *Ste-Catherine* à Fresnes (1590).

* Gerocourt. *Notre-Dame* [L'Archevêque].

* Gouzangrez. *Notre-Dame* [St-Vincent de Senlis].
— Chapelle de *Ste-Catherine* [Le Seigneur, dès 1466].

* Grisy. *St-Caprais* [St-Martin de Pontoise].

* Hérouville. *St-Clair* [L'Archevêque].

* Labbeville. *St-Martin* [Le Bec].
— Chapelle de *St-Jacques*, disparue après 1524 [Id.].

* Le Hôme-en-Vexin (aujourd'hui Le Heaume). *St-Georges* [Id.].

Longuesse. SS. *Médard et Gildard* [St-Germain des Prés].

* Marines. *St-Remi* (unie au rectorat de l'Oratoire).
— Prieuré [St-Vincent de Senlis, puis l'Oratoire de Paris].

* Menouville. *St-Georges* (jusqu'en 1440), depuis *Notre-Dame et St-Sébastien*
(dès 1481), ancienne chapelle érigée en cure entre 1704 et 1738 et détachée
alors de la paroisse d'Arronville au doyenné de Chaumont [L'Archevêque].

Menucourt. *St-Léger* [Fécamp].

* Les Mézières. *St-Nicolas* [St-Martin de Pontoise].

Meulan. *Notre-Dame* [St-Nicaise de Meulan].
— *Saint-Nicolas* [Id.].
— Prieuré de *St-Nicaise* [Le Bec].
— Couvent des Annonciades (*Notre-Dame de la Paix*).
— Couvent des Pénitents (*St-Nom de Jésus*).
— Chapelle de *Ste-Marguerite* (1473).
— Chapelle de *St-Michel*, fondée par Agnès Gente en 1262 ; deux autres chapelle-
nies du même titre fondées par Jean L'Huillier de Magny en 1323 y ont été
réunies après 1518 [Le Bec].
— Hôtel-Dieu (*St-Antoine*).

* Montgeroult. *Notre-Dame* [St-Denis].

* Neuilly-en-Vexin. *Notre-Dame* [L'Archevêque].

* Le Perchay. *La Madeleine* [Le Seigneur].

* Pontoise. *Notre-Dame* [L'abbé de St-Martin].
— *St-Pierre* [L'Abbaye du Bec].
— *La Trinité* ou *St-Sauveur*, dans l'abbaye de St-Martin [L'Abbé].
— Abbaye de St-Martin-sur-Viosne [Le Roi].
— Couvent de Carmélites. *St-Joseph.*

— Couvent d'Ursulines. *La Visitation*.

— Résidence de Jésuites. *La Trinité*.

— Couvent de Bénédictines anglaises de la Grâce de Dieu. *L'Immaculée Conception*.

— Prieuré de St-Pierre dépendant du Bel-Hellouin.

— Couvent des Cordeliers. *St Jacques*.

— Hôtel-Dieu et Communauté de chanoinesses régulières. *St-Nicolas*.

— Couvent de Guillemites (détruit au XIVᵉ s.)

— Maison de Béguines (disparue au XVᵉ s.)

— Hôpital des pestiférés de Montjavoult. *St-Louis*.

— Hôpital de *St-Antoine* du Val-le-Roi. — V. Ennery.

— Hôpital de *St-Jacques* uni à l'hôpital général [La Confrérie aux Clercs et l'abbé de St-Martin, alternant].

— Chapelle de *St-Martial*, à l'Hôtel archiépiscopal [L'Archevêque].

— Chapelle de *St-Vaast*, au château [Le Seigneur-engagiste].

— Chapelle de la Confrérie aux Clercs.

— Chapelle du Collège municipal.

* S a g y. *St-Sulpice* [St-Denis].

* Saint-Cyr-sur-Chars. *St-Cyr* [L'Archevêque].

* Santeuil. *St-Pierre* [Id.].

Seraincourt. *St-Sulpice* [St-Josse-aux-Bois de Dommartin].

— Prieuré de *St-Pierre* de Gaillonnel [Id.].

— Chapelle de *St-Jean* de Ruel [Le sire du Perchay].

Tessancourt. *St-Nicolas* [Le Bec].

Thémericourt. *Notre-Dame* [St-Lô de Rouen].

* T r i e l. *St-Martin* [Fécamp].

— Ermitage de *St-Jean-Baptiste*.

— Hôpital de *St-Nicolas* (dès 1435, compris dans l'Exemption de Fécamp).

— Prieuré des *Innocents* ou de S. Mihiel (id.).

— Chapelle, puis (en 1179) prieuré de *St-Blaise* [Marcheroux].

* U s (autrefois Hus, puis Ws). *Notre-Dame* [L'Archevêque].

— Prieuré de *St-Blaise* ou *St-Laurent* du Cornouillet, en latin de *Cornu cervino* [Josaphat].

* V a l l a n g o u j a r d (ou plutôt Val-Engoujard, *Vallis Engelgardis*). *St-Martin* [St-Martin de Pontoise].

* V a l m o n d o i s. *St-Quentin* [Id.].

— Prieuré de *St-Quentin* [Id.].

— Chapelle au manoir du sire de l'Isle-Adam (XIIIᵉ s.).

Vaux-sous-Meulan. *St-Pierre* [L'Archevêque, par renonciation de Hugues de Vaux en 1190].

Vig n y. *SS. Gildard et Médard* [Fécamp].

— Prieuré de *St-Nicolas* de la Chapelle, près du Bordeau de Vigny [St-Evroul].

— Chapelle *Ste-Marguerite* [Le Seigneur].

— Chapelle de *Notre-Dame*, au Bordeau de Vigny [Le Sire du Perchay].

— Léproserie (unie à l'hôpital de Meulan).

* **La Villeneuve-St-Martin.** *St-Martin* [St-Denis, puis l'Archevêque].

Le Bailliage de Meulan comprenait, outre les douze paroisses non précédées d'un astérisque, les suivantes : Breuil, *Evéquemont,* Fontenay-St-Père, Gargenville, Hardricourt, Jambville, Juziers, Lainville, Mézy, Montalet-le-Bois, Oinville-en-Chars, Sailly. *Toutes ces paroisses appartenaient au doyenné de Magny, sauf* Evéquemont *qui était de l'exemption de Fécamp.*

EXTRAITS DU RÉPERTOIRE

AUVERS-SUR-OISE. *Cure.*

25. — 1697. Provision de la cure d'Auvers doy. de Meulan, vacante par la mort de frère François de Lezy, chanoine régulier, pour frère Claude Motte, présenté par l'abbé St-Vincent de (*en blanc ; complétez* Senlis) ; à Paris, le 29 novembre.

AUVERS-SUR-OISE. — *Chapelle St-Nicolas.*

25 b. — 1601, 12 novembre. Provision à Claude Canbier, d'Amiens, de cette chapelle vacante par le décès de Mᵉ Jean Finet. Reg. XI, 1 ; *Compulsoire*, 148'.

AVERNES. — *Cure.*

25 c. — 1619, 29 juillet. Provision à frère Jacques Dollé ; mise en possession par Louis Bordereau, le 30. Reg. XVI, 192 ; *Compulsoire*, 164'.

26. — 1675. Visa de la cure de St-Aubin d'Avernes, doy. de Meulan, vacante par la mort de M. Nicolas Poëtte, pour M. Jacques Dumont ; du 30 septembre.

27. — 1696. Avernes, vacant par la mort de frère Louis Deschamps, chanoine régulier, pour frère J.-B. Canu, même ordre, par Mgr de Colbert, comme prieur de Sausseuse ; à Rouen, le 19 septembre 1696 (Registre de campagne).

28. — 1710, 27 février. Provision de la cure, vacante par la mort de M. J.-B. Canu, chan. régulier de St-Augustin, présenté par le prieur de Sausseuse.

BOISEMONT. — *Cure.*

29. — 1601, 23 août. Provision de la cure de Ste-Marie Magdeleine de Boisemont, doy. de Meulan, vacante par la résignation de frère Guillaume Jullien, pour frère Charles Dauvergne, religieux de l'abbaye de Ressons, présenté par l'abbé dudit Ressons, *causa permutationis*. [Ind. Reg. XI, 162 ; mise en possession par Maillard, le 2 septembre : *Compulsoire*, 148.]

Boissy-l'Aillerie. — *Cure.*

30. — 1681. Provision de la cure de Boissy-l'Aillerie, avec le prieuré de St-Léger du lieu, qui y est annexé, vacante par la résignation de M. Jérôme Clopin, en faveur de M. Jacques de Monthiers ; à Paris, le 15 février.

30 b. Chapelle de la Seconde messe. — 1636, 7 décembre. Provision à Olivier Lescuyer ; mise en possession le 12 par Bugny. Reg. XXI, 61 ; *Compulsoire,* 178.

30 c. Chapelle St-Léger. — 1636, 8 décembre. Provision au même ; mise en possession le 10. (Ibid.).

30 d. Chapelle St-Jacques et St-Philippe. — Même date. Provision au même, et mise en possession le 10. (Ibid.).

Briançon. — *Cure.*

31. — 1605, 21 octobre. Provision de la cure de St-Crespin et St-Crespinian de Briançon ou Brianchon, doyenné de Meulan, vacante par la mort de M. Jacques Allix et la démission de M. Robert Gillon, pour M. Sanson La Marque, *pleno jure.*

32. — 1711. Provision de la cure vacante par la mort de J.-B. Le Mazurier, pour M. Charles Vittecoq, *pleno jure* ; à Gaillon, le 25 septembre.

Cergy. — *Cure.*

33. — 1658, 26 septembre. Visa de la cure St-Christophe de — près Pontoise, vacante par la mort du dernier curé, pour M. Georges Fostier, *jure nostro etc. salvo.*

34. — 1672, 20 janvier. Visa de la cure de Sergy ou Cergy, archidiaconé de Pontoise, vacante par détention injuste et défaut de titres suffisants de plusieurs candidats, pour M. Jean Massé, *ad conservationem juris.*

Chars. — *Chapelle de Bercagny.*

34 b. — 1630, 20 février. Provision de la chapelle de Bercagny à M° Aulbin Mallet. Reg. XIX, 87 ; *Compulsoire,* 173'.

35. — 1662, 1ᵉʳ février. — Provision de la chapelle de Bercagny, vacante par la démission de M. Claude Gérenton [curé de Génicourt], pour M. Jean Botté, *causa permutationis.*

Chars. — *Cure.*

35 b. — 1600, 27 septembre. Provision de la cure pour Nicolas Picard ; 6 décembre, mise en possession par M° Bourdellon, prêtre. Reg. X, 142 ; *Compulsoire,* 147'.

35 c. — 1627, 14 août. Provision de la cure pour M° Robert Bacon ; 24 août, mise en possession par le doyen de Meulan. Reg. XVIII, 55 ; *Compulsoire,* 171'.

Chars. — *Chapelle de l'Hôtel-Dieu.*

36. — 1603, 19 août. Provision de la chapelle de l'Hostel-Dieu de Chars pour Antoine Le Maistre ; mise en possession le 29. Reg. XII, 86 ; *Compulsoire,* 152.

Chars. — *Chapelle Saint-Blaise.*

36 b. — Union de la chapelle Saint-Blaise de Chars vacante par la mort de frère Nicolas Valentin, à la Maison des Religieux de Saint-Michel de Pontoise

[Mathurins], faite par le Cardinal de Bourbon [Charles III], à charge par lesdits Religieux de faire le service de ladite chapelle selon la fondation ; lettres données à Rouen le 4 décembre 1598, insinuées au Vicariat de Pontoise le 19 mai 1607. Acte de mise en possession par Christophe Ler, pour lors vicaire-général de Monseigneur en son Vicariat de Pontoise, le 4 janvier 1599 ; insinué le même jour 19 mai 1607. Reg. XIII, 82 ; *Compulsoire*, 157'.

COURCELLES-SUR-VIOSNE. — *Cure.*

37. — 1662. Provision de la cure de Courselles, doyenné de (*en blanc*) au vicariat de Pontoise, vacante par la mort du sieur des Marettes, pour M.Charles du Buisson, de plein droit ; à Gaillon, le 11 juin.

COURDIMANCHE. — *Cure.*

38. — 1697. Provision de la cure de Courtimanche, vacante par mort, pour M. (*en blanc*) Duval, par Mgr de Colbert comme abbé du Bec ; à Paris, le 5 janvier.

EPIAIS. — *Cure.*

39. — 1601, 3 février. Provision de la cure d'Espiès, doyenné de Meulan, vacante par la démission de M. Godefroy Asseline, pour M. Jean Parmentier présenté par M. l'abbé de St-Quentin de Beauvais.

39 b. — Mise en possession le 28 février 1601. Reg. X, 150 ; *Compulsoire*, 147.

39 c. — 1603, 7 aoust. Provision pour M° Antoine Thureau ; mise en possession le 8 par Adrian Crespin. Reg. XII, 89 ; *Compulsoire*, 152.

39 d. — 1604, 2 janvier. — Provision pour M° Jean Gorenflot ; 4 février, mise en possession par Jean François, curé de Hédouville. Reg. XII, 63 ; *Compulsoire*, 152'.

40. — 1663. Provision de la cure de St-Didier d'Espiès, vacante par la mort de M. Charles Gallois, pour M. Henry de Boscquillon, présenté par M. l'abbé de St-Quentin de Beauvais ; à Paris, le 24 septembre

EPIAIS. — *Chapelle de Rhus.*

41. — 1663, Provision de la chapelle de Ruth, paroisse d'Espiès, vacante par la mort de M. Charles Gallois, pour M. Timoléon-François Parmentier, de plein droit ; à Paris, 22 septembre.

EVÊQUEMONT. — *Prieuré de Notre-Dame* (¹).

42. — 1601. Visa du prieuré de Notre-Dame d'Evesquemont, ordre de Saint-Benoist, doyenné de Meulan, vacant par la mort de M. Godefroy Cochet ou Bouchet, dernier commendataire, pour M. Jean Le Clerc, *jure cujuslibet salvo* ; du 3e aoust.

42 b. — Mise en possession le 11 août 1601 par Barbier, doyen de Meulan. Reg. X, 169 ; *Compulsoire*, 148.

---

(1) Evêquemont est englobé ici, topographiquement, dans le doyenné de Meulan, bien que compris dans l'exemption de l'abbaye de Fécamp.

43. — 1603. Visa du prieuré — vacant par la démission de M. Jean Le Clerc, pour frère Germain Le Maistre dudit ordre, *jure cujuslibet salvo ;* du 7° avril .

44. — 1711, 25 janvier. Visa ou provision du prieuré — vacant par la cession de M. François Le Clerc en faveur de M. Charles du Bosquet de Montlaur, en commende, *causa permutationis.*

FRÉMECOURT. — *Cure.*

44 b. — 1629, 13 octobre. Provision de la cure par le grand-vicaire Jacquart, pour Mᵉ Bon Gallois ; mise en possession le 16. Reg. XVIII, 221 ; *Compulsoire,* 172.

45. — 1671. Provision de la cure de Fremecourt vacante par la démission de M. Guillaume Succat, pour M. Robert Pinson. *pleno jure,* à Paris, le 16 janvier.

46. — 1678. Provision de la cure — vacante par la mort du dernier titulaire, pour M. Jean Huet, comme de plein droit ; à Gaillon, le 30 aoust.

47. — 1681. Visa de la cure — vacante par la mort du dernier possesseur, pour M. Jean de Saint-Denis, comme gradué sur l'Archevêché; à Gaillon, le 27 avril.

GÉROCOURT. — *Cure.*

47 b. — 1636, 5 juillet. Provision de la cure de Giroucourt pour François Hamon. Reg. XXI, 65 ; *Compulsoire,* 178.

GOUZANGREZ. — *Cure.*

47 c. — 1602, 21 novembre. Gueriboust, curé de Gouzangrez, met en possession le chapelain de Vigny. Reg. XII, 135 ; *Compulsoire,* 165.

47 d. — 1603, 27 octobre. Provision du prieuré-cure de Gouzangrez pour frère Jacques Dollé, religieux, par forme de permutation ; mise en possession le 28. Reg. XII, 95 ; *Compulsoire,* 152.

47 e. — 1603, 30 octobre. Provision pour frère Denis de La Rue, en faveur de son degré de docteur en théologie, sur le refus de nommer par l'abbé de St-Vincent de Senlis, patron. Reg. XII, 97 ; *ibid.*

48. — 1660. Provision de la cure de Gonsengrez, doyenné de Meulan, vacante par la mort du nommé Petit et nullité de titres des nommés Paul Bertrand et Nicolas Ramé pour raison d'incapacité et inhabilité, pour frère Anne Dagnicourt, dudit ordre, du 14 novembre.

49. — 1661. Provision de la cure de Notre Dame de Gousengrez, de l'ordre des chanoines réguliers de St-Augustin, vacante par la démission de Pierre Farrignan, pour frère Thomas Cliquot, présenté par l'abbé de St-Vincent de Senlis.

GRISY. — *Cure.*

50. — 1670. Provision de la cure de St-Caprais de Grisy, vacante par la mort de M. Vincent Mazière, pour M. Louis Morisset, présenté par M. Vaultier de Montagu, abbé commendataire de St-Martin de Pontoise ; à Pontoise, le 1ᵉʳ octobre.

51. — 1709, 25 septembre. Provision de la cure de Grisy, vacante par la mort de M. Louis Marisset (*sic*), pour M. Marin Tiphaine, présenté par l'abbé de St-Martin de Pontoise.

LABBEVILLE. — *Cure*.

52. — 1692. Provision de plein droit de la cure de Labbeville, en faveur de M. (*en blanc*) Charles, à Paris, le 7 mai.

53. — 1695. Provision *pleno jure* de la cure — vacante par la démission de M. Pierre Charles, pour Me Thomas Streuel, du 7 novembre, dans un petit registre de campagne.

54. — 1696. Provision de la cure — vacante par mort, pour M. Robert Roué, pourvu par Rome ; à Paris, le 5 mars.

LABBEVILLE. — *Chapelle Saint-Jacques*.

54 b. — 1602, 30 juin. Provision pour Charles du Vallet ; 6 juillet, mise en possession par Dufour. Reg. XII, 52 ; *Compulsoire*, 152.

LONGUESSE. — *Cure*.

55. — 1671, 10 janvier. Provision de la cure de St-Godard de Longuesse, vacante par la démission ou résignation de M. Antoine Charteau, pour M. Pierre Vachier.

56. — 1696. Provision de la cure vacante — par la mort du sieur Antoine Oüin, pour M. Bonaventure Vallier, présenté par le prieur et couvent de St-Germain-des-Prés ; à Gaillon, le 2 aoust.

MARINES. — *Cure*.

56 b. — 1604, 24 août. Provision du prieuré-cure de Marines à frère François Moulin. Reg. XII, 181 ; *Compulsoire*, 154.

56 c. — 1618, 13 août. Confirmation, par l'Archevêque, de l'union du prieuré de Marines à la Maison de l'Oratoire. Reg. XV, 158 ; *Compulsoire*, 161.

57. — 1709, 1er juin. Provision de la cure de Marines, vacante par la révocation de Me Mathieu Perdrigeon, de l'Oratoire, pour M. Nicolas Le Tanneur, aussi de l'Oratoire, présenté par le P. de la Tour, supérieur général de l'Oratoire.

58. — 1710. Provision de la cure de St-Remi de Marines, vacante par la démission de M. Nicolas Le Tenneur (*sic*), pour M. Jean-Baptiste Le Roy, présenté par le général de l'Oratoire ; le 29 octobre, à Magny.

MENOUVILLE. — *Chapelle*, puis *Cure*.

58 b. — 1604, 1er février. Provision de la chapelle de Menouville à Me Jean Desgroux. 9 mars, mise en possession par Me Dufour, prêtre. Reg. XII, 138 ; *Compulsoire*, 153'.

58 c. — 1606, 24 juin. Provision à Pierre Louette. 15 juin, mise en possession par Me Jean Dufour. Reg. XIII, 60 ; *Compulsoire*, 157.

58 d. — 1608, 4 août. Provision à Me Martin Fournier ; 14 août, mise en possession. Reg. XIII, 59 ; *Compulsoire*, 158.

59. — 1695. Provision de la chapelle de Menouville. Le nom est resté en blanc dans la provision du 28 mai, à Dieppe. Il est à présent curé.

60. — 1698. Provision de la chapelle de Menouville érigée en paroisse le 27 mai 1698 et donnée le même jour à M. François Bouche, *pleno jure*.

MENUCOURT. — *Cure.*

60 b. — 1624, 18 juillet. Provision de le cure de Menucourt par le grand-vicaire Acarie à N[icolas ?] Moreau ; 29 août, mise en possession par Bourdier, doyen de Meulan. Reg. XVII, 189 ; *Compulsoire*, 168'.

61. — 1676. Provision de la cure de Menucourt vacante par la mort de M. Guillaume Chéron, pour M. Rouland de Beauvais, *jure devoluto* à cause de l'absence de l'abbé de Fescamp ; à Gaillon, le 21 juin.

62. — 1676. Provision de la cure — vacante par la démission de M. Rouland Yvert, pour M. François Gosselin, comme dépendant de l'abbé de Fescamp et sans présentation ; à Paris, le 13 septembre.

MEULAN. — *Cure de Notre-Dame* (Doyenné).

63. — 1661, 28 octobre. Visa de la cure de St-Hilaire et Notre-Dame de Meulan, avec l'annexe du doyenné dudit lieu, vacante par la résignation de M. Gilles Vidou, en faveur de M. Denis Meriel.

64. — 1706, 18 septembre. Provision de la cure de N.-D. de Meulan, vacante par la résignation de M. Jacques Lambert, pour M. Louis Blancgrenon, présenté et pourvu par Mgr de Colbert en qualité d'abbé du Bec.

65. — 1710, 27 mai. Provision de la cure de N.-D. de Meulan vacante par la mort du dernier titulaire, pour M. J.-B. Marie, nommé par M. l'abbé du Bec, comme gradué sur l'abbaye du Bec.

MEULAN. — *Cure de St-Nicolas.*

66. — 1710, 2 février. Provision de la cure de St-Nicolas de Meulan, vacante par la mort de M. Guillaume Le Tavernier, pour M. Robert Alexandre, présenté par l'abbé du Bec.

67. — 1710. Provision de la cure, vacante par la démission de M. Robert Alexandre, pour M. Jacques Bucquet, présenté par l'abbé du Bec.

MEULAN. — *Chapelle de St-Michel.*

68. — 1607. Visa de la chapelle de St-Michel-Archange de Meulan, doyenné dudit lieu, vacante par la résignation de M. Guillaume Bordereau, pour M. Jean Jean, *jure alieno salvo* ; du 29 mai.

69. — 1665, 9 décembre. Provision de deux portions de la chapelle de St-Michel de Meulan, vacante par la mort du sieur Eustache Le Clerc de Lesseville, évêque de Coutances ([1]), pour M. Charles Le Clerc de Lesseville, de plein droit.

70. — 1671, 15 janvier. Visa de la chapelle St-Michel en la ville de Meulan, par la démission de M. Jean Duprey, pour M. Charles Merlet.

70 b. — 1626, 31 mars. Provision de la cure de Neully (*sic*) par le grand-vicaire Acarie. Reg. XVII, 222 ; *Compulsoire*, 169'.

---

(1) Eustache II prit possession de l'évêché de Coutances le 28 mai 1619 et mourut à Paris le 3 décembre 1665. Il etait fils de Nicolas Le Clerc de Lesseville, doyen de la Chambre des Comptes de Paris, et de Catherine Le Boullenger de Viarmes.

NEUILLY-MARINES. — *Cure*

71. — 1660. Provision de la cure de Neuilly, doyenné de Meulan, vacante par la mort du dernier titulaire, pour M. Jean de St-Amand, de plein droit ; à Paris, 20 février.

PONTOISE. — *Cure de St-Pierre.*

71 *b.* — 1601, 12 novembre. Jean Subtil, curé de St-Pierre, met en possession de la chapelle d'Auvers Claude Cambier. Reg XI, 1 ; *Compulsoire*, 148'.

71 *c.* — 1605, 22 novembre. Provision de la cure de St-Pierre de Pontoise pour Jean Subtil ; mise en possession le 26, par Me Yon. Reg. XIII, 39 ; *Compulsoire*, 157.

72. — 1627. Provision de la cure de St-Pierre, vacante par la mort de M. Antoine Le Porquier, pour M. Paul Désiré, présenté par l'abbé du Bec ; du 30 novembre.

72 *b.* — 1627, 30 novembre. Provision de la cure pour Me Paul Désiré ; 14 décembre, mise en possession par Me Bordereau. Reg. XVIII, 18 ; *Compulsoire*, 170.

72 *c.* — 1628, 8 février. Provision de la cure pour Me Philippe Porcher ; mise en possession le même jour. Reg. XVIII, 27 ; *Compulsoire*, 171.

73. — 1710, 5 février. Visa de la cure de St-Pierre de Pontoise vacante par la résignation de M. Jacques de Laval, pour M. Jacques Curin, *causa permutationis.*

PONTOISE. — *Cure de St-Martin.*

73 *b.* — 1602, 6 septembre. Provision de la cure de la Trinité Saint-Martin, lez Pontoise, pour frère André Terrier, religieux de St-Martin, présenté par l'abbé. — 1604, 30 ''i. Mise en possession par Me Maillard. Reg. XII, 178 ; *Compulsoire*, 153.

74. — 1670. Visa de la cure de la Sainte-Trinité de l'église du monastère de St-Martin, ordre de St-Benoist, hors les murs de la ville de Pontoise, vacante par la résignation de frère François Le Chevalier, dudit ordre, en faveur de frère Claude Estienot ; du 21 octobre, à Pontoise.

PONTOISE. — *Cure de Notre-Dame.*

74 *b.* — 1623, 12 janvier. Provision de la cure à Me Robert Gueriteau, gradué en droit, sur la présentation de l'abbé de St-Martin. Reg. XVII, 84 ; *Compulsoire*, 165'.

74 *c.* — 1625, 3 juin. Provision pour Me Guillaume More ; mise en possession le 4. Reg. XVII, 185 ; *Compulsoire*, 165'.

74 *d.* — 1626, 6 avril. Provision pour Me Mellon Soret, par le grand vicaire Acarie ; mise en possession le 7. Reg. XVII, 202 ; *Compulsoire*, 160.

PONTOISE. — *Prieuré de St-Pierre.*

74 *e.* — 1603, 14 juillet. Provision du prieuré de St-Pierre de Pontoise vacant par le décès de frère Jacques Besson, pour frère Guillaume Hélie ; mise en possession le 16, par Maillard. Reg. XII, 54 ; *Compulsoire*, 152.

74 *f.* — 1606, 22 février. Provision du prieuré de St-Pierre (sans indication de titulaire). Reg. XIII, 47 ; *Compulsoire*, 157.

75. — 1611, 28 juillet. Visa du prieuré de St-Pierre de Pontoise, doyenné de Meulan, ordre de St-Benoist, dépendant du Bec, vacant par la nullité du droit prétendu par les nommez Martin Metais, Jean Adam, Claude Chablant et Charles de Bouves, en outre par incapacité et pour crime de symonie, etc. pour frère Louis Garin, religieux du Bec, *ad sui juris conservationem*, et seulement en obéissant aux lettres obtenues du Roy, à l'effect des presentes, *et in eventum privationis dumtaxat.*

76. — 1611, 3 septembre. Visa du prieuré —ordre de Cluny *aut alterius ordinis*, vacant par la détention indue de Jacques Marsan, Claude Chablant, Jean Adam, Charles de Beauvais (*sic pro de Boves*), *aut alio modo, et quia forsan tanto tempore vacaverit*, etc. ; pour dom Jean Thomas, religieux de St-Denis en France, ordre de St-Benoist, *ad conservationem juris*.

77. — 1708, 1er août. Visa du prieuré de St-Pierre de Pontoise vacant par la démission de Pierre Clément([1]), évêque de Périgueux, en faveur de M. de Crevoiseret.

PONTOISE. — *Hôpital Saint-Jacques.*

77 *b*. — 1604, 26 février. Provision par le grand-vicaire Charles de Boves, pour Me Pierre Fourmont, acolyte ; mise en possession le 2 mars. Reg. XII, 119 ; *Compulsoire*, 152'.

77 *c*. — 1613, 27 janvier. Provision pour Me Pierre Fournier ; mise en possession par Me Bordereau, le 5 février. Reg. XV, 199 ; *Compulsoire*, 159'.

77 *d*. — 1625, 18 juillet. Provision par le grand vicaire Acarie, pour Me Guillaume More ; mise en possession le 4 juillet. Reg. XVII, 178 ; *Compulsoire*, 168.

PONTOISE. — *Chapelle de St-Martial.*

77 *e*. — 1623, 7 janvier. Provision à Pierre Acarie de la chapelle de St-Martial vacante par le décès de Charles de Boves. Reg. XXI, 96 ; *Compulsoire*, 178.

78. — 1628. Provision de la chapelle de St-Martial au manoir archiépiscopal de Pontoise, vacante par la démission de M. Pierre Acarie, pour le même Acarie, de plein droit ; du 9 décembre.

78 *b*. — 1630, 1er octobre. Provision de la chapelle Saint-Michel (*sic*) fondée dans le palais archiépiscopal appelé le Vicariat de Pontoise, pour Me Hippolyte Féret, sur la démission faite entre les mains de Monseigneur par le sieur Acarie ; mise en possession par Auroux le 13 décembre. Reg. XIX, 27 ; *Compulsoire*, 173. — (Voir ci-dessus, p. 8, note 1).

SAINT-ANSBERT (*Prieuré de*).

79. — 1638, 17 avril. Visa du prieuré de St-Ansbert, ordre de St-Benoist, doy. de Meulan.

(Cette indication est erronée. Comme le démontre le rapprochement des noms des titulaires, il s'agit ici du prieuré de St-Ansbert de Senots, doy. de Chaumont).

(1) Pierre Clément, de Besançon, grand-vicaire de l'archevêque de Rouen, sacré évêque de Périgueux le 29 octobre 1702, prit possession le 24 février 1703 et mourut le 8 janvier 1719.

SAINT-CYR-EN-ARTHIES. — *Cure.*

79 b. — 1607, 24 octobre. Provision de la cure de Saint-Cyr-en-Artie pour Me Louis Jaillart. Reg. XIII, 109 ; *Compulsoire,* 157'.

80. — 1692, 4 novembre. Provision non signée et dont les noms sont en blanc, de la cure de St-Cyr-sur-Chars, par Mgr de Colbert comme abbé du Bec.

81. — 1692, 17 décembre. Provision de la cure de St-Cyr, vacante par la démission de M. François Dorival pour M. (*en blanc*) Forest, *pleno jure.*

SANTEUIL. — *Cure.*

81 b. — 1636, 31 mars. Provision de la cure de Santeuil pour M. Renier Le Mor ; 2 avril, mise en possession par le doyen de Meulan. Reg. XXI, 36 ; *Compulsoire,* 177'.

82. — 1662, 21 février. Provision de la cure de Santeuil, vacante par la mort de M. René Le Maistre, de plein droit (pas d'indication du bénéficier).

83. — 1662, 29 mai. Provision de la cure — vacante par la mort de M. René de la Bruyère pour M. François de Camp, de plein droit.

84. — 1663, 1er mars. Provision de la cure de Santeuil, avec la chapelle y annexée vacante par la mort de M. François de Camp, pour M. Jacques Fichet, de plein droit.

SERAINCOURT. — *Cure.*

84 b. — 1637, 21 février. Provision de la cure de Seraincourt pour frère Ambroise Caffin. Reg. XXI, 92 ; *Compulsoire,* 178.

85. — 1710, 11 avril. Provision de la cure de St-Sulpice de Serincourt, vacante par la mort du frère Norbert Patte, chanoine régulier de St-Augustin, en faveur de M. Antoine Le Bouteiller, *cum voto profitendi.*

TESSANCOURT. — *Cure.*

85 b. — 1600, 25 février. Provision de la cure de Tessancourt pour Nicolas Rousseau ; 7 octobre, mise en possession par Barbier, doyen de Meulan. Reg. X, 136 ; *Compulsoire,* 147.

86. — 1710, 6 février. Provision de la cure de Tessancourt, vacante par la démission de M. Jean Le Boucher, pour M. François Le Boucher, *causa permutationis.*

THÉMÉRICOURT. — *Cure.*

87. — 1601, 12 juillet. Provision de la cure de Nostre-Dame de Théméricourt, vacante par la mort de dom Jean Louvel, pour dom Pierre du Tac, religieux de St-Lô de Rouen, présenté par le prieur dudit St-Lô.

88. — 1608. Temericourt, 26 may.

TRIEL. — *Cure.*

88 b. — b. 1627, 30 avril. Provision de la cure à Me Robert Auroux ; 22 juin, mise en possession par le doyen de Meulan. Reg. XVIII, 12 ; *Compulsoire,* 170'.

US. — *Cure.*

88 c. — 1604, 7 avril. Provision de la cure de Us pour Jean Casavan, sur la démission de Jean Lemercier ; 19 mai, mise en possession par Me Yon. Reg. XII, 133; *Compulsoire*, 153.

89. — 1711. Visa ou provision de la cure de Notre-Dame de Hus, vacante par la résignation de M. Jean Gillet, en faveur de M. Denis Le Page ; le 27 avril, au cours de calendes.

VALMONDOIS. — *Cure.*

90. — 1670. Provision de la cure de St Quentin de Valmondois, vacante par la démission de M. André Thierry, pour M. Estienne Pilleut, *causa permutationis ;* à Pontoise, le 25 septembre.

VALMONDOIS. — *Prieuré.*

91. — 1660, 20 juillet. Provision du prieuré de Saint-Quentin de Valmondois, vacant par la mort de frère Pierre Sanguin, pour frère Jacques Birouat de l'ordre de Cluny, comme gradué et requérant sur l'abbaye de St-Martin de Pontoise.

VAUX-SOUS-MEULAN. — *Cure.*

92. — 1696, 24 mai. Provision de la cure de Vaux, vacante par la démission de M. Estienne Rousselin, pour M. Augustin-Nicolas Soyer, de plein droit.

93. — 1709, 30 décembre. — Visa de la cure de St-Pierre de Vaux, vacante par la résignation de M. Jean Patriau de Vaugot, en faveur de M. Charles Le Marié, *causa permutationis.*

VIGNY. — *Cure.*

94. — 1675. Visa de la cure de St-Godard de Vigny, vacante par la mort de M. Antoine Marie Joubert, pour M. Bernard du Mas; à Paris, le 9 février. (N'est point signée; la minute est au Secrétariat de Rouen).

VIGNY. — *Chapelle du Bourdeau.*

94 b. — 1602, 12 novembre. Provision de la chapelle ou maladerie du Bourdeau de Vigny, à Me George Laisné, sur la démission de Selestin (*sic*) Baudouin, sur la présentation du seigneur du Perchay. 21 novembre, mise en possession par Gueriboust, curé de Guzangrez. Reg. XII, 135'; *Compulsoire*, 153'.

94 c. — 1629, 21 janvier. Provision par le grand vicaire Jacquart, pour Me André Theuzin ; mise en possession le 6 mars. Reg. XVIII, 131 ; *Compulsoire*, 172.

95. — 1710, 11 mars. Provision de la chapelle de Ste-Madeleine du Bourdhault de la paroisse de Vigny, vacante par la mort de Pierre de Clerjon, pour M. Léonor de Cléry, présenté par le seigneur du lieu.

VIGNY. — *Prieuré de St-Nicolas de la Chapelle.*

96. — 1605, 27 septembre. Visa du prieuré de St-Nicolas de la Chapelle, ordre de St-Benoist au Vexin François, doyenné (*en blanc*) vacant par la mort de M. Germain Daniel, dernier commendataire, et par la résignation ou cession de droit à ladite commende de M. Nicolas de Neufville, pour M. Philippe de Saint-Quentin, *jure alieno salvo.*

DOYENNÉ DE MAGNY

Aincourt. *St-Martin* ou *Notre-Dame* [Le Bec, par cession de l'Archevêque en 1141].

Amenucourt. V. Beauregard.

Ambleville. *SS. Donatien et Rogatien* [L'Archevêque].

Artie. *St-Aignan* [Id.].

— Léproserie de *St-Thomas* [Le Seigneur].

Bantelu. *St-Germer* [St-Martin de Pontoise].

Beauregard (Amenucourt). *St-Léger* [Sausseuse par cession de Gui et Hugues, son fils, de la Roche-Guyon, et de Goël de Baudemont vers 1175].

* Beauseray. *Notre-Dame* [L'Archevêque].

* Le Bellay. *St-Martin* ou *la Madeleine* [St-Martin de Pontoise].

Bennecourt. *St-Ouen* [L'Archevêque].

— Chapelle de Tripleval (1738).

* Bouconvilliers. *St-Etienne* [Le Bec].

— Prieuré [Id.].

— Chapelle de *Notre-Dame des Neiges* [Le Seigneur].

— Hôpital de *St-Antoine* (cité en 1472 et 1519). Chapellenie [Le Seigneur].

* Boury (ou Bourris). *St-Germain de Paris* [St-Martin de Pontoise].

— Prieuré [Id.].

— Chapelle de *Notre-Dame* de Guerny [Le Seigneur, 1505].

*** Bray-sous-Baudemont. *Notre-Dame* [Tiron].

— Chapelle de Lu.

** Breuil. *St-Denis* [La Croix-St-Leufroy].

— Prieuré de *St-Laurent* de la Garenne [Id.].

— Chapelle de *Ste-Marguerite* de Moussy [Le Seigneur].

Buhy. *St-Saturnin* (ou *Sernin*) [L'Archevêque, par cession de Jean de Buhy en 1245].

— Chapelle de *Notre-Dame* de la Coussy [Le Seigneur et le curé, alternant].

La Chapelle-en-Vexin. *St-Nicolas* [St-Evroul].

Chaussy. *SS. Crépin et Crépinien* [St-Wandrille].

— Prieuré de *St-Jean* d'Orsemont [Tiron].

— Couvent de Bénédictines à Villarceaux. *St-Sauveur et la Madeleine* [St-Cyr].

— Chapelle de *St-Ansbert* [St-Wandrille XIIe s.], détruite.

— Chapelle de *St-Laurent* de Mesrées [Le Seigneur, 1474].

Chérences *St-Denis* [Le Bec].

Cléry-en-Vexin. *St-Germain* ou *St-Martin* [St-Martin de Pontoise]

Courcelles, près Gisors. *Notre-Dame* [L'Archevêque].

Drocourt. *St-Denis* [Fécamp].

*** Follainville. *St-Martin* [L'Archevêque].

** Fontenay-Saint-Père. *St–Denis* [St-Père de Chartres].

** Gargenville (*Gigenvilla* dans le Pouillé d'Eudes Rigaud, XIIIe s.). *St-Martin* [Les Jésuites de Paris].

— Prieuré de *Notre-Dame* [Id.].

Genainville (ou Genèsville) *St-Pierre* [La Chartreuse de Gaillon).

— Prieuré [Jumièges, vers 1575 les Chartreux de Gaillon].

Gommecourt (ou Gomercourt). *SS. Crépin et Crépinien* [St-Germer, puis le Seigneur].

Guernes (ou Garnes, ou Crènes). *Notre-Dame* [Le Bec, par don de Barthélemi de Longroy en 1141].

Guiry (ou Givry). *St-Nicolas* [St-Père de Chartres, par don de Hugues Broute-Saule, XIIe s.].

*** Guitrancourt. *St-Ouen* [Josaphat, 1482-1556; puis le Bec].

* Hadancourt-le-Haut-Clocher. *Notre-Dame* [Le Roi],

** Hardricourt. *St-Germain* [Le Bec].

* Haute-isle (ancien hameau de Chérences, érigé en paroisse au XVIe s.]. *Notre-Dame* [Le duc de La Roche-Guyon].

*** Issou (Ychau, XIIe s.). *St-Martin* [Le Roi].

** Jambeville (ou Jameville). *Notre-Dame* [St-Germer].

— Prieuré [Id].

** Juziers (autrefois Gisey). *St-Michel* [St-Père de Chartres].

— Prieuré de *St-Père* ou St-Pierre [Id.].

** Lainville (ou Laieville). *St-Martin* [Coulombs].

* Lèvemont. *SS. Cyr et Julitte* [St-Germer].

* Lierville (autrefois Herville). *St-Martin* [Id.].

— Chapelle de *St-Jean* (1484).

*** Limay. *St-Aubin* [L'Archevêque de Paris, aux droits de St-Magloire].

— Couvent de Célestins (*La Trinité*).

— Couvent de Capucins (*Notre-Dame*).

— Chapelle de *Ste-Christine*.

Limets. *St-Pierre* [Le Roi, puis l'Archevêque].

Magny. *Notre-Dame* [Les Jésuites de Paris].

— Prieuré [St-Jean d'Aureil en Limousin, puis les Jésuites].

— Couvent de Bénédictines de *Ste–Anne* [L'Archevêque].

— Couvent de Cordeliers (*Notre-Dame des Anges*).

— Couvent d'Ursulines. (*Notre-Dame de Bon-Secours*).

— Chapelle de *St-Antoine*.

— Chapelle de *St-Gilles* à Velannes-bosc [Le Seigneur].

— Hôtel-Dieu (*St-Jean-Baptiste*).

Maudétour. *Notre-Dame* [St-Martin de Pontoise].

— Chapelle [L'Archevêque].

** Mézy. *St-Germain* ou *St-Quentin* [Le Bec].

* Montjavoult. *St-Martin* [St-Denis en France].
   — Chapelle *SS. Jacques et Christophe* de Montagny [Le Seigneur].
   — Chapelle de *Notre-Dame* [Id.].
   — Chapelle de *Notre-Dame des Essarts* [Sausseuse].
   — Hôpital des *SS. Nicolas et Bernard* (1481).

** Montalet-le-Bois. *Notre-Dame et la Madeleine* [Coulombs].

Montreuil-en-Vexin. *St-Martin* [Id.].
   — Chapelle de *St-Denis* de Coppières, 1561 [Id.].

* Moussy-le-Bergerot. *St-André* [St-Père de Chartres, 1648 ; St-Martin de
   Pontoise, 1704-1738].

* Nucourt (Neufve-Court). *St-Quentin* [L'Archevêque].
   — Chapelle de *St-Eutrope* (1513).
   — Chapelle de *St-Ursin* (1738).

Omerville. *St-Martin* [L'Archevêque].

** Oinville-en-Chars. *St-Séverin* [St-Père de Chartres].

Parnes. *St-Martin* [St-Evroul].
   — Prieuré de *St-Josse* [Id.].
   — Chapelle de *St-Eutrope* d'Hallincourt (fondée par Pierre Le Gendre).

*** Porcheville. *St-Séverin* [Marmoutier].

La Roche-Guyon. *St-Samson* [Fécamp].
   — Prieuré de *la Trinité* [Id.].
   — Chapelles des *SS. Leu et Gilles*, et de *Notre-Dame*, au château [Le Duc].

** Sailly. *St-Sulpice* [La Croix-St-Leufroy].
   — Prieuré [Id.].

Saint-Clair-sur-Epte. *St-Clair* [St-Denis-en-France].
   — Prieuré de *St-Clair* [St-Denis, puis Bourgueil]

Saint-Cyr-en-Artie. *St-Cyr* [Le Seigneur].

Saint-Gervais-lès-Magny. *St-Gervais* [Marmoutier, 1119, puis St-Germer].
   — Chapelle de *Notre-Dame* de Magnitot, fondée en 1322 par Guillaume des
   Essarts, chanoine de Rouen et chancelier de Bayeux [Le Seigneur].
   — Chapelle de *Notre-Dame de Liesse* à Archimont.

* Serans-le-Bouteiller. *St-Denis* [St-Martin de Sées, par cession de Jumièges
   en 1134 ; puis St-Germer, dès 1476].
   — Chapelle de *St-Nicolas* de Serans-le-Gast (Petit-Serans) [St-Germer].

* Vaudencourt. *SS. Gervais et Protais* [St-Mellon de Pontoise].

Vétheuil. *Notre-Dame* [Fécamp].
   — Chapelle de *St-Jean* de Chaudray [Le Seigneur].
   — Hôpital de *St-Mathurin* dès 1217 (uni à l'Aumône de Mantes par son fondateur).
   — Léproserie de *St-Etienne*, dès 1217 [Le Curé, 1482].
   — Chapelle des *SS. Joseph et Jean l'Evangéliste*, dite de Vienne [Le Curé].

Villiers-en-Artie. *St-Aubin* ou *St-Martin* [St-Germain des Prés].

— Prieuré de *St-Léger des Bois* [Id.].

Wy (Vuic) — Joli village. *St-Romain* ou *Notre-Dame* [Les chanoines des deux prébendes de Wy, à la cathédrale de Rouen].

La châtellenie de Magny, au bailliage de Senlis, comprenait, outre les paroisses non marquées d'un astérisque, une portion de celle de Gasny *(l'île où était situé le prieuré de* St-Nicaise*).*

Les paroisses marquées d'un astérisque appartenaient au bailliage de Senlis et à la châtellenie de Chaumont ; celles marquées de deux *astérisques au bailliage de* Meulan *; celles marquées de* trois *astériques au bailliage de* Mantes*, à l'exception de* Bray-sur-Baudemont *qui ressortissait de la vicomté de* Gisors.

EXTRAITS DU RÉPERTOIRE

AINCOURT. — *Cure.*

96 b. — 1601, 21 février. Dolnet, curé d'Aincourt, met en possession le prieur-curé d'Artie. Reg. X, 134 ; *Compulsoire,* 147.

96 c. — 1631, 27 décembre. Provision de la cure d'Aincourt, pour Me Jean Dolnet, par Me Jean Auroux, vicaire de l'archevêque de Rouen pour l'absence du grand-vicaire Hippolyte Féret ; par Monseigneur, à l'Hôtel archiépiscopal de Pontoise. Mise en possession le même jour. Reg. XX, 101 ; *Compulsoire,* 173'.

97. — 1670. Provision de la cure de St-Martin d'Aincourt, doy. de Magny, vacante par la mort de M. François Huppey, pour M Jean Marteau, présenté par M. Jacques Nicolas Colbert, pour lors abbé du Bec ; à Gaillon, le 13 mars.

AMBLEVILLE. — *Cure.*

97 b. — 1606, 2 février. Provision de la cure d'Ambleville pour Me Jacques Le Vasseur ; 8 février. mise en possession par Pierre Mabire, prêtre. Reg. XIII, 40 ; *Compulsoire,* 157.

98. — 1657, 27 septembre. Provision de la cure d'Ambleville, doy. de Magny, vacante par la mort de M. Pierre Languetin y ayant droit, pour M. Pierre Meslin, *jura juribus addendo,* de plein droit.

ARTIE. — *Cure.*

98 b. — 1600, 19 août. Provision du prieuré-cure d'Artie, vacant par inhabilité, incapacité et tache de simonie de Me Jean Jacquet, pour Me Godefroy Asselin, doyen de Magny. — 1601, 21 février. Mise en possession par Dolnet, curé d'Aincourt. Reg. X ; *Compulsoire,* 147.

98 c. — 1601, 5 janvier. Provision de la cure d'Artie pour Charles Lamotte ; mise en possession le 7 par Catherine Chabot, curé de Vy. Reg. X, 144 ; *Compulsoire,* 147'.

99. — 1675, 22 février. Visa de la cure d'Artye, vacante par la mort de M. Jean Fallaise, pour M. Louis Chédeville. (N'est point signée, et la minute est au Secrétariat de Rouen).

100. — 1677, 1ᵉʳ février. Provision de la cure de St-Aignan d'Artie, vacante par la mort du sieur Guérin, pour M. Louis Chédeville, *pleno jure*.

BEAUREGARD. — *Cure*.

101. — 1669. Provision de la cure de St-Léger de Beauregard, vacante par la mort de frère François Sézille, pour frère Pierre Auhoult, chanoine régulier gradué sur le prieuré de Sausseuze ; à Gaillon, le 28 février.

102. — 1710, 26 mai. Provision de la cure de St-Léger de Beauregard ou d'Amenucourt, doy. de Magny, ou Chaumont, vacante par la démission du sieur François Bazin, pour frère Henry Gobert, chanoine régulier de St-Augustin, présenté par le prieur de Sausseuze.

BEAUSERAY. — *Cure*.

103. — 1685, 12 juillet. Provision de la cure de Beauseray, doy. de Magny, vacante par la mort du dernier titulaire pour M. (*en blanc*) Froment, *pleno jure*.

BELLAY (LE). — *Cure*.

103 b. — 1612, 17 mars. Provision de la cure du Bellay, accordée à Mᵉ Charles Massieu, pour être examiné par M. le Vicaire de Pontoise et, en cas de capacité, prendre possession. — 18 avril, mise en possession par Flichy, doyen de Magny. Reg. XV, 6 ; *Compulsoire*. 159'.

103 c. — 1632, 25 septembre. Provision pour Michel Henry par le grand vicaire Féret ; mise en possession le 26 novembre. Reg. XX, 52 ; *Compulsoire*, 176'.

BELLAY (LE). — *Chapelle Saint-Martin*.

103 d. — 1602, 21 février. Provision pour Jean de Lespy, présenté par la Dame de Trie ; 11 mars, mise en possession par Allou, doyen de Chaumont. Reg. XI, 6 ; *Compulsoire*, 149.

103 e. — 1626, 16 avril. Provision de la chapelle de Bellay, par le grand vicaire Acarie, à Léonor Préaux (?) ; mise en possession le même jour. Reg. XVII, 204 ; *Compulsoire*, 169'.

BENNECOURT. — *Cure*.

104. — 1682, 24 décembre. Visa de la cure de Bennecourt, vacante par la mort du dernier titulaire, pour M. François Le Febvre, *pleno jure*.

105. — 1695, 27 mars. Provision ou visa de la cure de Bennecourt, vacante par la résignation de M. François Le Febvre, en faveur de M. Pierre Langlois ; en raison de permutation.

BOUCONVILLERS. — *Cure*.

106. — 1711. Provision de la cure de Bosconvilliers, vacante par la mort du dernier titulaire, pour M. Claude Bernard Mouffle du Bocquet, *pleno jure* ; en cours de visite, le 7 avril.

107. — 1711, 16 juillet. Provision de la cure — vacante par la mort de M. Philippe Le Treuvet, pour M. Jean-Baptiste Dolnet, comme gradué sur l'abbaye du Bec.

BOUCONVILLERS. — *Chapelle Ste-Marie* ou *Notre-Dame.*

107 b. — 1607, 11 septembre. Provision de la chapelle Notre-Dame de Bouconvilliers pour Me Jean Daudault, prêtre ; 21 septembre, mise en possession par Me Mellon Yon. Reg. XIII, 97 ; *Compulsoire,* 157'.

107 c. — 1630, 2 mars. Union de la chapelle N.-D. de Bouconvilliers, par Monseigneur, à la Maison des Mathurins de Notre-Dame de Liesse, près Gisors. Reg. XIX, 7 ; *Compulsoire,* 172'.

108. —1669. Provision de la chapelle Ste-Marie, dans la paroisse de St-Estienne de Bouconvilliers, vacante par la mort de M. Denis Bochart, pour M. Guy Bochart, présenté par M. Jean Bochart, de Champigny, seigneur dudit lieu ; à Gaillon, le 3 mars.

109. — 1672, 23 juillet. Provision de la chapelle de St-Estienne de Bouconvilliers sous le titre et invocation de Notre-Dame, vacante par la mort de M. Guy Bochart, pour M. Antoine Bochart présenté par M. Jean Bochart, seigneur du lieu.

110. — 1709, 9 septembre. Visa de la chapelle Notre-Dame en la paroisse de Bouconvilliers, vacante par la résignation de M. Antoine Bochart de Champigny, en faveur de Me Claude du Bourg, du consentement du patron.

BOURY. — *Prieuré.*

111. — 1696, 28 juillet. — Provision du prieuré de Boury, doy. de Magny, ordre de St-Benoist, vacant par la démission ou résignation de M. Jean Saignier, pour M. Jean-Baptiste d'Atagne, en commande,

112. — 1710, 20 décembre. Visa du prieuré de St-Germain de Boury, dans la paroisse de Boury, vacant par la cession en commende de M. Michel Corbeuil, en faveur de M. Emmanuel-Théodose Diepois.

BOURY. — *Chapelle de Notre-Dame.*

113. — 1685, 20 avril. Provision de la chapelle de Notre-Dame de Lorie ou de N.-D. de Bouris, dans la paroisse de (*en blanc*) doy. de Magny, vacante par la mort de M. Charles Baron, pour M. Jacques-Adrien Baron, présenté par M. Jacques Baron, seigneur et patron de lad. chapelle.

BREUIL. — *Cure.*

113 b. — 1632, 4 février. Provision de la cure de Brueil (*sic*) pour Me François Bersé ; mise en possession le 18 mars. Reg. XIX, 145 ; *Compulsoire,* 173'.

BUHY. — *Cure.*

113 c. — 1624, 30 janvier. Provision de la cure de Buhy, pour Me Anguerand Dauvray ; mise en possession le 10 avril. Reg. XVII, 236 ; *Compulsoire,* 170.

113 d. — 1625, 19 janvier. Provision pour Jacques Lavancy par le grand-vicaire Acarie ; mise en possession le 27 juillet par Me Le Haraget. Reg. XVII, 194 ; *Compulsoire,* 168'.

114. — 1711, 13 juillet. – Provision de la cure de St-Saturnin de Buhuy, vacante par la mort de M. Jean Le Camus, pour M. François-Claude Morel, gradué sur l'Archevêché de Rouen.

115. — 1711, 3 juillet. Provision de la cure — pour M. Pierre Roty, comme gradué sur l'Archevêché de Rouen.(Inscrite après l'autre, quoique de date antérieure).

BUHY. — *Chapelle de N. D. de la Coussy.*

115 b. — 1614, 10 avril. Union de la chapelle de N. D. de la Coussy, fondée dans l'église de Buhie, à la cure par l'Archevêque de Rouen ; mise en possession le 7 mai par Mᵉ Philippe Anroux, prêtre. Reg. XVII, 195 ; *Compulsoire*, 168'.

LA CHAPELLE-EN-VEXIN. — *Cure.*

115 e. — 1605, 27 septembre. Visa du prieuré de La Chapelle-en-Vexin (sans nom de titulaire indiqué). Reg. XIII, 45 ; *Compulsoire*, 157.

116. — 1675, 25 décembre. Provision de la cure de La Chapelle, vacante par la mort du dernier titulaire, pour M. Jacques de la Rue, *jure devoluto* à cause de la vacance de l'abbaye de St-Evroult.

117. — 1697, 29 décembre. Provision de la cure de La Chapelle en Vexin, vacante par la mort du dernier titulaire, pour M. *(en blanc)* des Granges, *jure devoluto*, à cause de la vacance de l'abbaye de St-Evroult

CHAUSSY. — *Cure..*

118. — 1673, 23 novembre. Provision de la cure des Saints Crespin et Crespinien de Chaussy, vacante par la mort du sieur Le Marié, pour M. François Félix présenté par l'abbé de St-Wandrille.

119. — 1712, 12 novembre. Visa de la cure — vacante par la résignation de M. François Félix, en faveur de M. Henry Félix.

COURCELLES (près Gisors). — *Cure.*

119 b. – 1624, 9 novembre. Provision de la cure de Courcelles sur Gisors, par le grand vicaire Acarie. Reg. XVII, 169 ; *Compulsoire*, 168.

120. — 1669. Provision de la cure de Courcelle dans le Vexin français, doyenné de *(en blanc)* vacante par la mort de M. Nicolas Le Clerc, pour M. Pierre Classon, *pleno jure* : à Gaillon, le 20 février.

DROCOURT. — *Cure.*

121, — 1711. Provision de la cure de St-Denis de Drocourt, vacante par la démission de M. Jean Royné, pour M. René Moron, *causa permutationis* ; du 27 avril, au cours de calendes.

121 b. — 1609, 9 avril. Provision de la cure de Drocourt pour Mᵉ Marin Angérard ; mise en possession le 16, par Sarazin. Reg. XIV, 61 ; *Compulsoire*, 158.

FOLLAINVILLE. — *Cure.*

122. — 1616, 10 mars. Provision de la cure de — doyenné de Magny, vacante par la mort du dernier curé, pour M. *(en blanc)* des Maserets, de plein droit.

123, — 1658. Provision de la cure — vacante par la démission de M. Michel Le Duc, pour M. Michel Aupers, de plein droit ; le 12 février, à Paris.

FONTENAY-SAINT-PÈRE. — *Cure.*

124. — 1704, 9 janvier. Visa de la cure de Fontenay, doy. de Magny, vacante par la résignation de M. Mathieu Le Chevalier, en faveur de M. Pierre Vallette.

GARGENVILLE. — *Cure.*

124 b. — 1626, 22 septembre. Provision de la cure de Gargenville par le grand vicaire Acarie, pour Me Guillaume Guy. — 1627, 8 janvier, mise en possession par Nicolas Godde, curé d'Issou. Reg. XVII, 241 ; *Compulsoire,* 170.

125. — 1607, 3 janvier. Provision de la cure de St-Martin de — doyenné de Magny, vacante par la mort du dernier curé, pour frère Jacques Vermot, chanoine régulier de St-Augustin, comme gradué et présenté par le recteur du Collège de Limoges à cause du prieuré de St-Jean *de Aurelio, vulgo* d'Orléans (¹).

GENAINVILLE. — *Cure.*

125 b. — 1606, 27 juin. Provision de la cure de Genainville pour Me Jean Gamard ; mise en possession le 29. Reg. XIII, 55 ; *Compulsoire,* 157.

125 c. — 1615, 5 décembre. Provision pour Me Jean de Mauroy ; mise en possession le 12 par Me Bordereau, notaire. Reg. XVI, 24 ; *Compulsoire,* 160'.

126. — 1615, 29 décembre. Visa de la cure de St-Pierre de Genesville, doyenné de Magny, vacante par la mort de M. Antoine de la Haye, pour M. Jean de Mornay, *jure alieno salvo.*

126 b. — 1635, 11 novembre. Provision pour Me Henri Reboulle ; mise en possession le 15. Reg. XXI, 30 ; *Compulsoire,* 177'.

GUIRY. — *Cure.*

126 c. — 1628, 5 juillet. Provision de la cure de Guiry pour Me Louis Le Prestre, par le grand-vicaire Acarie ; mise en possession le 6, par Boulanger, doyen de Magny. Reg. XVIII, 43 ; *Compulsoire,* 171'.

127. — 1695, 24 mars. Visa de la cure de St-Nicolas de Guiry, vacante par la mort du dernier titulaire, pour M. Jonas Sieure.

GUITRANCOURT. — *Cure.*

128. — 1710. Visa de la cure de St-Ouen de Guitrancourt, vacante par la résignation de M. Gabriel Dauplet, en faveur de M. Jean Blain ; du 12 janvier, à Gaillon.

HADANCOURT. — *Cure.*

128 b. — 1603, 16 août. Provision de la cure de Hadancourt, pour Me Jean Tallevas ; mise en possession le 17. Reg. XII, 51 ; *Compulsoire,* 152'.

HAUTE-ISLE. — *Cure.*

129. — 1678. Provision de la cure d'Autille-Chantemesle, vacante par la mort de M. Mathieu Le Febvre, pour M. François-Laurens Cuisinier, présenté par le seigneur du lieu ; le 17 juin, à Paris.

(1) Traduction erronée. Il s'agit de St-Jean d'Aureil en Limousin, dont les bénéfices vexinois passèrent à la Compagnie de Jésus.

Issou. — *Cure*.

129 b. — 1627, 8 janvier. Nicolas Godde, curé d'Issou, met en possession le curé de Gargenville. Reg. XVII, 241 ; *Compulsoire*, 170.

JAMBVILLE. — *Cure*.

129 c. — 1604, 10 janvier. Provision de la cure de Jameville pour Me Guillaume Hauret, prêtre ; mise en possession le 21 par Me Maillard. Reg. XII, 64 ; *Compulsoire*, 152 .

130. — 1605, 22 avril. Visa de la cure de Jambeville, du patronage du seigneur du lieu, ainsi qu'il a esté exposé, vacante par la mort du dernier curé, pour M. Nicolas Racine, *ad conservationem juris* et en conséquence de lettres par lui obtenues du Parlement de Rouen.

130 b. — 1605, 22 avril. Provision pour Me Nicolas Racine, prêtre ; mise en possession le 19 mai par Me Nicolas Yon, notaire apostolique. Reg. XII, 219 ; *Compulsoire*, 154'.

JAMBVILLE. — *Prieuré*.

130 c. — 1605, 12 avril. Provision du prieuré de Jameville pour Me Pierre Auclerc ; mise en possession le 22 mai par Me Yon. Reg. XIII, 13 ; *Compulsoire*, 155.

131. — 1605. Visa du prieuré de Jambeville, doy. de Magny, ordre de St-Benoist, vacant par la mort du dernier titulaire pour M. Pierre Ansbert, *ad conservationem juris*, et en vertu des lettres de la Chancellerie du Parlement de Rouen, signifiées ; du 22 avril.

131 b. — 1619, 28 novembre. Provision pour Eustache Le Clerc ; mise en possession le 30. Reg. XVI, 225 ; *Compulsoire*, 164'.

132. — 1660. Provision du prieuré ou chapelle de Notre-Dame de Jambeville, vacante par la mort du sieur Davaud, pour M. Nicolas de Saint-Simon, présenté par le seigneur dudit lieu de Jambeville. A Pontoise, le 13 juin, *jure quolibet salvo*.

LAINVILLE. — *Cure*.

132 b. — 1601, 9 août. Provision de la cure pour Jean Jardin — 10 août, mise en possession par Auroux, doyen de Magny. Reg. X, 159 ; *Compulsoire*, 148.

133. — 1659, 7 décembre. Provision de la cure de Lainville, doy. de Magny, vacante par la mort du sieur Berthault, pour M. Jean Marteau, de plein droit.

134. — 1661, 8 décembre. Provision de la cure — vacante par la mort de M. Louis du Bois, y ayant droit, pour M. Jean Marteau, *jus juri addendo, et jure nostro, etc. salvo*.

135. — 1661, 16 novembre (*sic*). Provision de la cure — vacante par mort, pour M. Jean Marteau, déjà pourvu de plein droit, et *sine prejudicio juris inde quaesiti*.

LIERVILLE. — *Cure*.

135 b. — 1626, 5 janvier. Provision de la cure de Lierville pour Me Jean Duchesne ; mise en possession le 25 février par le doyen Le Boulenger. Reg. XVII, 223 ; *Compulsoire*, 169'.

LIMETZ. — *Cure.*

135 c. — 1624, 1ᵉʳ mai. Provision de la cure pour Mᵉ Michel Le Duc ; mise en possession par René Lhuissier, prêtre, le 8 juin. Reg. XVII, 152 ; *Compulsoire,* 167'.

136. — 1694, 15 juin. Provision de la cure de Limetz, vacante par la mort du dernier possesseur, pour M. *(en blanc)* Forest.

MAGNY-EN-VEXIN. — *Cure.*

136 b. — 1625, 12 décembre. Provision de la cure, par Monseigneur, pour Mᵉ François Darguy ; mise en possession le 15 par Le Boulanger, doyen de Magny. Reg. XVII, 187 ; *Compulsoire,* 168'.

136 c. — 1633, 28 août. Provision pour Mᵉ Nicolas de Labye ; mise en possession le 7 mars 1634 par le même doyen. Reg. XX, 84 ; *Compulsoire,* 177'.

137. — 1711, 13 juillet. Provision de la cure de Notre-Dame de Magny, vacante par la démission de M. Charles-Hugues Galland, pour M. Antoine Escouvette, *causa permutationis.*

MAGNY. — *Prieuré.*

138. — 1676. Visa du prieuré de Magny, vacant par la mort du sieur Le Coingneux, pour M. Antoine d'Aix, en commende, estant de l'ordre de St-Benoist, du 8 septembre, à Gaillon.

MAUDÉTOUR. — *Cure.*

138 b. — 1624, 11 juillet. Provision de la cure de Maudétour, pour Mᵉ Jacques Lestourmi, sur le refus de nommer par l'abbé de St-Martin de Pontoise ; prise de possession le 7 novembre, pardevant Nicolas Beguigneau, notaire royal à Mantes ; Reg. XVIII, 138 ; *Compulsoire,* 167.

139. — 1676. Provision de la cure de Maudétour, vacante par la mort de M. François du Buisson, pour M. Bernard de Besançon ; à Gaillon, le 10 décembre.

MAUDÉTOUR. — *Chapelle.*

140. — 1677. Provision de la chapelle de Maudétour ou dans l'église dudit lieu, vacante par la mort de M. François du Buisson, pour le sieur Huet, *pleno jure* ; le 6 janvier, à Gaillon.

· MÉZY. — *Cure.*

141. — 1693, 24 juin. Provision de la cure de Mézy, vacante par la mort du dernier titulaire, pour M. Jean Peuffier, gradué sur l'Archevêché, *pleno jure.*

MONTJAVOULT. — *Cure.*

141 b. — 1609, 16 juin. Provision de la cure de Monjavoult, pour Mᵉ Nicole Lions, vacante par incapacité ; mise en possession le 16 juillet par Sarazin. Reg. XIV, 85 ; *Compulsoire,* 158'.

141 c. — 1626, 3 février. Provision de la cure pour Mᵉ Pierre Cuvernou ; mise en possession le 10 mars. Reg. XVII. 207 ; *Compulsoire,* 169'.

142. — 1711, 10 septembre. Provision de la cure de St-Martin de Montjavoult, vacante par la résignation de M. Louis de Bertoulat de la Petitière *(rien de plus).*

MONTJAVOULT. — *Chapelle de Notre-Dame des Essarts.*

142 b. — 1616, 6 septembre. Provision de la chapelle — paroisse de Montjavoult, pour M° Jean Beauchesne sur la démission de M° Pierre Beauchesne [curé d'Ennery] ; 17 septembre, mise en possession par Pierre Lorget, prêtre. Reg. XVI, 59 ; *Compulsoire,* 160'.

MONTREUIL. — *Cure.*

142 c. — 1626, 24 décembre. Provision de la cure à Nicolas Lyart ; mise en possession le 16 janvier 1627 par Vincent Launiz ; Reg. XVIII, 50 ; *Compulsoire,* 171'.

NUCOURT. — *Cure.*

143. — 1669. Provision de la cure de Nucourt, vacante par la mort du sieur Trouillet, pour M. Jean Guillemin, gradué sur l'Archevêché ; à Gaillon, le 20 juillet.

144. — 1669. Provision de la cure — pour M. Nicolas de Serre, gradué sur l'Archevêché ; à Gaillon, le 1ᵉʳ octobre.

NUCOURT. — *Chapelle de Saint-Eutrope.*

144 b. — 1605, 31 janvier. Provision de la chapelle de St-Eutrope en la paroisse de Nucourt, à M° Philibert Berger. Reg. XIII, 6 ; *Compulsoire,* 155'.

OMERVILLE. — *Cure.*

144 c. — 1608, 18 avril. Provision de la cure d'Omerville, pour M° Jean Briffault, sur la démission de M° Jean Badelorge ; mise en possession le 24, Reg. XIV, 239 ; *Compulsoire,* 155.

145. — 1609. Omerville, 24 janvier.

145 b. — 1624, 9 novembre. Provision de la cure pour Claude Jacqueau ; mise en possession le 22, par Monseigneur. Reg. XVII, 171 ; *Compulsoire,* 168.

146. — 1677. Provision de la cure d'Omerville, vacante par la mort du dernier titulaire, pour M. Jacques Le Ponterel, gradué sur l'archevêché de Rouen ; le 6 janvier, à Gaillon.

PARNES. — *Cure.*

146 b. — 1601, 16 janvier. Provision de la cure de Parnes pour Thomas Fortier ; 22 janvier, mise en possession par Allou, doyen de Chaumont. Reg. X, 146 ; *Compulsoire,* 147'.

147. — 1676. Provision de la cure de Parnes, vacante par la mort de M. Louis Le Chevalier, pour M. Pierre Chevrier, présenté par l'abbé commendataire de St-Evroult, à Paris, le 14 janvier.

LA ROCHE-GUYON. — *Cure.*

147 b. — 1604, 3 juillet. Provision de la cure de La Roche-Guyon, pour Jean Le Porquier ; mise en possession le 6 par Allou, doyen de Chaumont, Reg. XII, 174 ; *Compulsoire,* 153'.

LA ROCHE-GUYON. — *Prieuré.*

148. — 1698. Visa du prieuré de La Roche-Guyon, vacant par la mort de

M. de Breteuil, évêque de Boulogne (¹) pour M. de Colbert, archevêque de Tou-
louse (²), *pleno jure*, le siége abbatial de l'escamp vacant ; à Paris, le 3 février.

SAILLY. — *Cure.*

149. — 1711, 22 mai. Provision de la cure de St-Sulpice de Sailly, vacante par
la mort de M. Charles de Calais, pour M. Pierre Augay, présenté par l'abbé de La
Croix-St-Leufroy.

SAINT-CLAIR-SUR-EPTE. *Cure.* —

149 b. — 1604, 3 décembre. Provision de la cure de St-Clair-sur-Epte pour
Mᵉ Jean Fresnay ; mise en possession le 6 par Allou, doyen de Chaumont. Reg.
XII, 194 ; *Compulsoire*, 154.

150. — 1711, 24 février (répétitions le 3 mars et le 11 avril). Provision de la
cure de St-Clair-sur-Epte, vacante par la mort du dernier titulaire, pour M. Jean-
François Cuquel, présenté par le prieur et couvent de St-Denys en France.

ST-CLAIR-SUR-EPTE. — *Prieuré.*

150 b. — 1602, 19 janvier. Provision du prieuré de St-Clair à Jean Lobresson ;
mise en possession le 24 par Allou, doyen de Chaumont. Reg. XI, 4 ; *Compulsoire*,
148',

151. — 1607, 2 mars. Visa du prieuré de Saint-Clair-sur-Epte dans la paroisse
du mesme lieu, doyenné de Magny, vacant par la détention indue des nommez
Jacques d'Ormel et Jean Fieret ou Fichet, et en outre par la résignation ou cession
de commende de M. Claude Jacquart en faveur de M. François Briffault aussi en
commende, ledit bénéfice estant de l'ordre de St-Benoist et dépendant de Sᵗ-Denys
en France, *jure alieno salvo*.

151 b. — 1607, 2 novembre. Provision du prieuré pour Mᵉ François Bussault ;
mise en possession le 14. Reg. XIII, 157 ; *Compulsoire*, 158.

152. — 1610. St-Clair ; 10 mars.

153. — 1663, 11 janvier. Visa du prieuré St-Clair-sur-Epte, ordre de St-Benoist,
vacant par la mort du sieur François Veillot ; et *qui tanto tempore vacaverit*, pour
M. Jacques Le Bossu, en commende ; *jure nostro salvo*.

154. — 1677. Visa du prieuré vacant par la résignation de M. Nicolas Aubourg,
en faveur de M. Guillaume Isaac Aubourg ; le 8 novembre, à Paris.

SAINT-GERVAIS. — *Cure.*

155. — 1693, 24 février. Provision de la cure de St-Gervais et St-Protais, vacante
par la mort du sieur Collin, pour M. Augustin Nicolas Soyer, présenté par M.
François de Tiercelin, abbé commendataire de St-Germer.

156. — 1695, 2 mai. Visa de la cure de St-Gervais et St-Protais-lez-Magny,
vacante par la cession du droit prétendu de M. Augustin Nicolas Soyer, en faveur
de M. Urbain Le Normand, *causa permutationis*.

---

(1) Claude II Le Tonnelier de Breteuil, sacré évêque de Boulogne-sur-Mer le 2 février
1682, mourut le 8 janvier 1698.

(2) Jean-Baptiste Michel de Colbert ; il mourut en 1717.

St-Gervais-lès-Magny. — *Chapelle de Magnitot.*

157. — 1600. Provision de la chapelle de Maignetot, dans la paroisse de St-Gervais-lez-Magny, doyenné de Magny, vacante par la démission de M. Jean de Mornay, pour M. Louis Bucher présenté par le seigneur d'Ambleville; du 28 juin.

158. — 1601. Provision de la chapelle — vacante par la démission de M. Simon Hiache, pour M. Jacques Sarazin, présenté par le seigneur d'Ambleville; du 6 février.

158 b. — 1623, 28 avril. Provision de la chapelle de Magnitot pour Mᵉ Jean Ruelle ; mise en possession le 24 septembre. Reg. XVII, 106 ; *Compulsoire, 165'.*

Saint-Martin-la-Garenne. — *Cure.*

159. — 1710, 7 juin. Provision de la cure de St-Martin-la-Garenne, vacante par la mort du dernier titulaire, pour M. Louis-Antoine de la Fontaine, présenté par l'abbé du Bec.

Serans-le-Bouteiller. — *Cure.*

159 b. — 1626, 10 novembre. Provision de la cure de Serans, par le grand-vicaire Acarie, pour Mᵉ Jacques Oursel. Reg. XVII, 228 ; *Compulsoire, 169'.*

160. — 1695. Provision de la cure de Serans vacante par la résignation de M. Nicolas Marchand, en faveur de M. Jacques Hardy, à Paris, le 11 août.

Serans. — *Prieuré.*

161. — 1696. Provision du prieuré de Serans, vacant *per obitum*, pour frère François Anguelar, bénédictin ; à Paris, le 9 juin.

Serans. — *Chapelle St-Nicolas de Serans-le-Gast.*

161 b. — 1602, 12 mars. Provision de la chapelle de Serans-le-Gast à Mᵉ Hilaire de Vitte, sur la présentation du prieur de Serans ; 15 mai, mise en possession par Allou, doyen de Chaumont. Reg. XI, 12 ; *Compulsoire, 151.*

161 c. — 1602, 23 juin. Provision de la même chapelle à frère Charles Deschamps, sur la présentation de l'abbé de St-Germain ; 8 juillet, mise en possession par le doyen Allou. *Ibid.*

161 d. — 1616, 6 novembre. Provision pour M. Louis Goslart ; mise en possession le 27 par Flichy, doyen de Magny. Reg. XVI, 77 ; *Compulsoire, 161.*

162. — 1670. Provision de la chapelle St-Nicolas, dans la paroisse de Serans-le-Gast, ou le Boutellier, vacante par la démission de M. Nicolas Roffet, pour M. François Dupré, présenté par damoiselle Catherine Le Forment de Beaumont, patronne dudit lieu de Serens-le-Gaste ; à Gaillon, le 5 mars.

Vaudencourt. — *Cure.*

163. — 1605. Provision de la cure St-Gervais-St-Protais de — doyenné de Magny, vacante par la mort de M. Pierre Poillier, pour M. Louis Beudereau (¹) présenté, et par l'abbé commendataire de St-Just ordre de Premonstré, diocèse de Beauvais, et par les doyen et chapitre de St-Mellon de Pontoise ; du 25 octobre.

---

(1) Il faut vraisemblablement corriger « Bordereau », nom d'un chanoine connu à cette époque.

Vétheuil. — *Cure.*

163 b. — 1625, 7 novembre. Provision de la cure de Vétheuil par le grand-vicaire Pierre Acarie à Mᵉ Mathieu Bouillette ; mise en possession le 10 par le doyen Le Boulenger. Reg. XVII, 197 ; *Compulsoire*, 169.

163 c. — 1627, 29 mai. Provision de la cure pour Mᵉ Nicolas Labye ; mise en possession le 10 juin par Mᵉ Guy Mouffle. Reg. XVIII, 62 ; *Compulsoire*, 171 (¹).

164. — 1695, 22 novembre. Provision de la cure de Véteüil, vacante par la mort du dernier titulaire, pour M. Jean Charles Baudoüin, *jure ordinario*, à cause de la vacance de l'abbaye de Fescamp.

165. — 1696, 20 septembre. Provision de la cure de Beteuil (*sic*), doy. de (*en blanc*) vacante par la mort du sieur Le Sauvage, pour M. Charles Le Louvetier, présenté par le prieur et les moines de Fescamp.

166. — 1704, 20 décembre. Provision de la cure de Notre-Dame de Vetueil, vacante par la démission de M. Valentin Bernard Berinne, pour M. Florence Houël, présenté par les prieur, religieux et couvent de Fescamp.

167. — 1711, 7 décembre. Visa de la cure, vacante par la résignation de M. Florence Houël en faveur de M. Jean Le Louvetier.

Vétheuil. — *Hôpital.*

168. — 1605, 4 juin. Visa de l'hospital de Veteüil, doyenné de Magny, vacant par le mariage contracté par M. Guillaume Le Porquier dernier titulaire, pour M. Charles de Vallières présenté par le comte de La Roche-Guyon, *jure alieno salvo.*

Villiers-en-Artie. — *Cure.*

169. — 1670. Provision de la cure de St-Martin de Villers-en-Artie, vacante par la mort du dernier titulaire, pour M. Jacques Sourdrille, présenté par les religieux et couvent de St-Germain-des-Prés de Paris, ordre de St Benoist ; à Pontoise, le 6 juin.

(1) Ce curé est apparemment identique à Nicolas de Labye, nommé en 1633 curé de Magny-en-Vexin. Voir n° *136 c.*

DOYENNÉ DE CHAUMONT

L'astérisque indique les paroisses non comprises dans la châtellenie de Chaumont.

Les noms des patrons de chaque paroisse sont imprimés en italiques.

Les noms placés entre crochets sont ceux des abbayes dont les prieurés dépendent, ou des autorités ou établissements ayant le droit de présentation aux cures.

L'Aillerie. *Notre-Dame* [St-Germer].

— Prieuré [Id].

— Hôpital de *St-Antoine* (depuis couvent de Cordelières).

- Léproserie de *St-Lazare*.

* Amblainville. *St-Martin* [St-Martin de Pontoise].

— Prieuré de St-Pierre [Id.].

— Chapelle d'*Outrevoisin*.

* Arronville. *SS. Pierre et Paul* [St-Martin de Pontoise].

— Chapelle de *St-Lubin* [Le Curé, 1469].

— Chapelle de *St-Nicolas* [1474].

— Chapelle de *Notre-Dame* [St-Martin de Pontoise, dès le XIIIᵉ s.].

Manoir de Balincourt. Chapelle de *St-Jean-Baptiste* [Le sire de Bellencourt, XIIIᵉ s. ; le curé d'Arronville, 1469].

Bachivilliers. *SS. Lucien et Sulpice* au XIIIᵉ s., *St-Lucien de Bouconville* [L'Archevêque].

— Chapelle de *St-Nicolas* (1718).

Beaumont-les-Nonains. *Notre-Dame* [Marcheroux].

— Chapelle de *St-Jean-Décollé*, à Jouy-la-Grange.

— Prieuré de femmes, ordre de Prémontré, détruit en 1185 [Marcheroux].

* Berville-sur-Auceron. *St-Denis* [L'Archevêque].

Boissy-le-Bois. *Notre-Dame* [L'Archevêque, par cession du sire Jean de Boissy en 1205].

La Bosse (ou la Boce). *St-Barthélemi* [Marmoutier, 1119 ; puis l'Archevêque].

Boubiers (ou Bobers). *St-Leu* [St-Victor].

Boutencourt. *St-Quentin* [Le Chapitre métropolitain, par la cession collective de l'archidiacre du Vexin français Renaud et du sire de Boutencourt Isachar, sous l'archevêque Rotrou, vers 1170].

— Chapelle de *Notre-Dame*, au hameau de Pommereus (1570)

Chambors. *St-Sulpice* [L'Archevêque].

Chaumont-en-Vexin. *St-Jean-Baptiste* [Le Prieur].

— Prieuré de *St-Pierre* (ancienne abbaye réunie à St-Denis, puis à St-Cyr).

— Prieuré de *St-Martin d'Aix* [St-Magloire, puis, au XIIIᵉ s., St-Martin de Pontoise].

— Couvent des Trinitaires de Caillouet. *Notre-Dame de Bonne-Espérance.*

— Cure de *St-Martin de Chaumont* [L'Archevêque de Paris, aux droits de l'Abbé de St-Magloire].

— Hôpital et Léproserie. *Voyez* L'Aillerie.

Delincourt. *St-Léger* [Le Seigneur, au XIIIᵉ s. ; puis St-Mellon de Pontoise].

— Chapelle de *St-Nicolas.*

Droitecourt. *St-Martin* [L'Archevêque].

Enencourt-l'Eaugé (l'Eage). *St-Martin* [L'Archevêque].

Enencourt-le-Sec. *St-Jean.* [L'Archevêque].

Eragny. *St-Martin* [L'Archevêque].

Le Fay. *St-Vaast* [Gomerfontaine].

— Chapelle de *St-Jacques* [Gomerfontaine, 1449 ; puis l'Archevêque, 1593].

— Chapelle de *St-Jean-Baptiste* [Le Seigneur, 1502, 1590 ; puis l'Archevêque].

Flavacourt. *St-Clair* [L'Archevêque].

— Chapelle de *Ste-Anne*, au château.

— Cinq autres chapelles, qui ont porté divers noms, et qui, en 1738, sont ainsi dénommées : *Ste-Catherine, St-Jean, Ste-Marguerite, St-Maur, St-Nicolas.*

Fleury-sur-Fresnes. *St-Marcel* [L'Archevêque].

Fresneaux (ou Fresnelles). *St-Martin* [Marcheroux].

Fresnes-l'Aiguillon. *Notre-Dame* [Le Seigneur].

— Chapelle de *Ste-Catherine*, au château [Id.].

* Haravilliers. *Notre-Dame* [L'Archevêque].

— Chapelle de *Ste-Madeleine* du Ruel (unie au prieuré du Rosnel).

Hardivilliers (Hardrivilliers, XIIIᵉ s.). *St-Germain.* [L'Archevêque, par cession de Jean de Boissy en 1205].

* Hénonville-en-Thelle. *St-Sauveur* [St-Mellon de Pontoise, puis l'Archevêque].

Hibouvilliers. *SS. Crépin et Crépinien* [Ressons].

Ivry-le-Temple. *St-Jacques* [L'Archevêque].

— Chapelle de *St-Jacques* (unie au Collège de Pontoise).

— Commanderie des Templiers (dont Eudes Rigaud, archevêque de Rouen dédia l'église le 11 octobre 1266). Supprimée en 1308.

Jamericourt. *St-Martin* [St-Germer].

Jouy-en-Thelle. *St-Pierre* [L'Archevêque].

La Lande-Anson. *Notre-Dame* [St-Germer].

Lattainville. *St-Germain* [Gomerfontaine].

Liancourt. *Notre-Dame* [Le Prieur].

— Prieuré de *St-Pierre* [St-Père de Chartres].

—Chapelle de *St-Gilles* [L'Archevêque].

Loconville. *St-Lucien* [L'Archevêque, par cession de Jean de Boissy en 1205].

Marcheroux (Marché-Raoul). *St-Nicolas* de la Longue-rue [L'Abbé].

— Abbaye de Prémontrés [Le Roi].

Marquemont. *St-Martin* [St-Martin de Pontoise].

— Prieuré [Id.].

— Chapelle de *St-Laurent* de Monneville [Id.].

Mesnil-Théribus. *St-Léger* [L'Archevêque].

Mont-Herland. *Notre-Dame* [Le Seigneur].

Monts. *St-Etienne* [L'Archevêque].

Neuville-Bosc. *St-Martin* [Id.].

Porcheux. *St-Nicolas* [St-Ouen de Rouen, puis les Jésuites de Rouen].

Pouilly. *St-Lucien* [L'Archevêque].

Reilly. *St-Aubin* ou *St-Martin* [St-Germer, puis l'Archevêque].

Ressons. *Notre-Dame* [L'Abbé].

— Abbaye de Prémontrés [Le Roi].

Saint-Brice. *St-Brice* [Les Trinitaires de Caillouet].

Saint-Clair-sur-Epte. *St-Clair* [St-Denis-en-France].

—Prieuré [St-Denis, puis Bourgueil].

Senots. *St-Remi* [Le Bec].

— Prieuré de *Ste-Anne de Nouveau lieu* (uni à Ressons).

— Prieuré de *St-Ansbert* [Le Bec].

Sérifontaine. *St-Denis* [L'Archevêque].

— Chapelle de *Ste-Geneviève* [Marcheroux, puis St-Denis].

Taille Moutier (Moutier-en-Thelle). *St-Pierre* [St-Germer].

Thibivilliers. *St-Pierre* [L'Archevêque].

Tourly. *St-Clair* ou *St-Pierre* [Id.].

Trie-le-Château. *Notre-Dame* ou *la Madeleine* [Le Seigneur].

— Léproserie de *Ste-Marguerite* (depuis couvent de Récollets, transféré à Chaumont en 1636).

— Chapelle de *St-Nicolas* [Le Seigneur].

Trie-la-Ville. *Notre-Dame* [Id.].

Vaudampierre. *Notre-Dame* [Le Seigneur].

Le Vaumain. *St-Pierre* [L'Archevêque].

* Villeneuve-le-Roi. *Notre-Dame* [St-Mellon de Pontoise].

La Villetertre. *Notre-Dame* [L'Archevêque].

Villiers-sur-Trie. *St-Denis* [Le Seigneur].

La châtellenie de Chaumont comprenait, en dehors des paroisses non précédées d'un astérisque, les localités suivantes :

Beauseray. Le Belloy. *Bouchevilliers (en partie).* Bouconvilliers. Boury. *Courcelles-les-Gisors.* Hadancourt-le-Haut-Clocher. Lévemont. Lierville. Mont-Javoult. Nucourt. Parnes. St-Clair-sur-Epte. Serans-le-Bouteiller. Vaudencourt

Ces localités appartenaient au doyenné de Magny, *à l'exception de* Bouchevilliers et de Courcelles (doyenné de Gisors).

EXTRAITS DU RÉPERTOIRE

DOYENNÉ RURAL DE CHAUMONT.

169 a. — Allou exerce les fonctions de doyen dès le 21 août 1584. Reg. VI, 106 ; *Compulsoire,* 103. — Il est encore cité le 6 décembre 1604. *Compulsoire,* 154. — Le Porquier est cité de 1619 à 1628. — Voir les nᵒˢ *202 b, 213 d.*

169 b. — 1629, 21 avril. Provision de l'office de doyen rural de Chaumont pour Mᵉ Charles de Neelle. Reg. XVIII, 156 ; *Compulsoire,* 172. — Voir nᵒ *.73 b.*

L'AILLERIE. — *Cure.*

169 c. — 1625, 14 juillet. Provision de la cure de Laillerie à Mᵉ Pierre Le Franc ; mise en possession le 18, par le grand vicaire Pierre Acarie. Reg. XVII, 176 ; *Compulsoire,* 168.

169 d. — 1629, 20 novembre. Provision de la cure pour Mᵉ Jean Morin ; mise en possession le 9 janvier 1630 par Langlix, curé de Jamericourt. Reg. XIX, 21 ; *Compulsoire,* 172'.

L'AILLERIE. — *Chapelle de St-Lazare.*

169 e. — 1603, 19 septembre. Commission donnée par l'Archevêque à Charles de Boves, grand-vicaire de Pontoise, sur la supplication faite à Monseigneur par les religieux Mathurins de Caillouët près Chaumont, d'avoir à se transporter à la chapelle Saint-Lazare près Chaumont, vacante pour lors par la résignation de Mᵉ Louis Delandre entre les mains de Monseigneur, pour informer et voir s'il y aurait intérêt à procéder à l'union de la chapelle au couvent des Mathurins. — 1603, 20 octobre, lettres de l'Archevêque portant union de ladite chapelle à la maison de Caillouët ; 14 novembre, mise en possession des Mathurins par le doyen Allou. Reg. XII, 207 ; *Compulsoire,* 154.

AMBLAINVILLE. — *Cure de St-Martin.*

169 f. — 1602, 12 septembre. Louis Le Prestre est curé. (Voir nᵒ *172 b.*).

170. — 1658. Provision de la cure de St-Martin d'Amblainville, doy. de Chaumont, vacante par la résignation de M. Louis Piart, pour M. Jacques de Badier, *jure cujuslibet salvo* ; à Paris, le 9 avril.

171. — 1661, 6 juillet. Provision de la cure — vacante par la mort de M. Louis Le Prestre et par la nullité des titres et incapacité du nommé Estienne Badier et autres prétendants, pour M. Louis Roussel, *ad conservationem juris, jure nostro etc. salvo*.

172. — 1663, 30 avril. Visa de la cure — vacante par la détention indue des sieurs Badier, Louis Roussel, Gaspard Brunet, etc, et *que tanto tempore vacaverit,* pour M. Estienne Lesné, *ad conservationem juris*.

AMBLAINVILLE. — *Chapelle d'Outrevoisin.*

172 b. — 1602, 12 septembre. Provision de la chapelle d'Outrevoisin, paroisse d'Amblainville, pour François Lefébure ; mise en possession le même jour par Louis Le Prestre, curé d'Amblainville.

ARRONVILLE. — *Cure.*

172 c. — 1630, 2 novembre. Provision de la cure d'Arronville pour Mᵉ Joseph Poitrine. Reg. XIX, 43 ; *Compulsoire*, 173.

173. — 1659. Provision de la cure de St-Pierre d'Arronville, doy. de Chaumont, vacante par la mort de M. Blaise du Bos, pour M. Edouard François Valsingham, présenté par M. l'abbé de St-Martin de Pontoise ; Paris, 22 septembre.

BACHIVILLIERS. — *Cure.*

173 b. — 1632, 13 mai. Provision de la cure de Bachivilliers, vacante par la mort de Thomas Morin, pour Louis Duru ; mise en possession le 21 par le doyen Charles de Neelle. Reg. XX, 11 ; *Compulsoire*, 175'.

BOISSY-LE-BOIS. — *Cure.*

173 c. — 1630, 16 mars. Provision de la cure de Boissy-le-Bois pour Mᵉ Nicolas Prévost ; mise en possession le 29 octobre par Langlix, curé de Jamericourt. Reg. XIX, 29 ; *Compulsoire*, 172'.

174. — 1633, 14 décembre. Provision de la cure de Boissy-le-Bois, doy. de Chaumont, vacante par la résignation de M. Nicolas Le Prévost, pour M. Jacques Le Prévost, de plein droit.

175. — 1708, 17 avril. Visa de la cure de — vacante par la résignation de M. Estienne Le Charpentier, en faveur de M. Martin Le Charpentier.

176. — 1709, 12 décembre. Visa de la cure vacante par la résignation de M. Martin Le Charpentier, pour M. Gratian ou Gatien Foulon.

LA BOSSE. — *Cure.*

176 b. — 1627, 7 octobre. Provision de la cure de La Bosse à Mᵉ Jean Bonnelle ; mise en possession le 27, par Mᵉ Robert Guillon, prêtre. Reg. XVIII, 58 ; *Compulsoire*, 171'.

177. — 1654, 17 avril. Provision de la cure de la Bosse, doy. de Chaumont, vacante par la mort du dernier curé, pour M. André Bigot, *pleno jure*.

178. — 1691, 3 juillet. Provision de la cure de St-Barthélemy de la Bosse, vacante par la mort de M. François Guédon, pour M. André de Chaufour, *pleno jure*.

BOUBIERS. — *Cure.*

179. — 1696, 20 décembre. Boubiers, doy. de Chaumont, vacante par la mort de M. Gabriel Chevalier, pour M. Nicolas Boulogne, présenté par M. l'abbé de St-Victor de Paris ; Rouen, 20 décembre (Registre de campagne).

BOUTENCOURT. — *Cure.*

180. — 1635, 16 novembre. Provision de la cure de — doyenné de Chaumont, vacante par la mort du sieur Cyran, pour M. Pierre de la Mare présenté par les sieurs doyen, chanoines et chapitre de N.-D. de Rouen ; du 16 novembre.

CHAMBORS. — *Cure.*

181. — 1680, 10 janvier. Visa de la cure de St-Sulpice de Chambors, doy. de Chaumont, vacante par la détention injuste, irrégularité, incapacité et pour crime, etc. de M. Charles Houël, pour M. Pierre Uger.

CHAUMONT-EN-VEXIN. — *Cure.*

181 b. — 1630, 5 décembre. Provision, sur visa, de la cure de St-Jean de Chaumont (*nom en blanc*); mise en possession le 13. Reg. XIX, 51 ; *Compulsoire,* 173'.

CHAUMONT-EN-VEXIN. — *Prieuré de St-Pierre.*

181 c. — 1604, 3 août. — Provision pour dom Jacques de Lartour, religieux de St-Benoît ; mise en possession le 5 par Allou, doyen de Chaumont. Reg. XII, 126 ; *Compulsoire,* 153.

181 d. — 1605, 5 mars. Provision pour Georges Faguet, religieux de St-Martin ; mise en possession le 31 par Nicolas Poussin, curé de Trie. Reg. XIII, 17 ; *Compulsoire,* 155.

DELINCOURT. — *Cure.*

181 e. — 1626, 25 mai. Provision de la cure par le grand-vicaire Acarie. Reg. XVII, 221 ; *Compulsoire,* 169'.

182. — 1711, 16 décembre. Visa de la cure de Delincourt ('), doy. de Chaumont, vacante par la résignation du droit prétendu de M. Nicolas Cossart, en faveur de M. Pierre du Bray.

DELINCOURT. — *Chapelle de St-Nicolas.*

182 b. — 1625, 14 janvier. Provision de la chapelle St-Nicolas de Lincourt (*sic*) à M. Pierre Dufour, prêtre ; mise en possession le 25 par Robert Moreau, curé d'Enencourt-le-Eagé. Reg. XVII, 154 ; *Compulsoire,* 167'.

DROITECOURT. — *Cure.*

183. — 1688, 13 novembre. Provision de la cure de Droitecourt, doy. de Chaumont, vacante par la mort du dernier titulaire, pour M. Pierre Recusson, *pleno jure.*

ENENCOURT-L'EAGÉ. — *Cure.*

183 b. — 1587, 12 juillet. Provision de la cure pour Jean Boutefeu, sur la démis-

---

(1) Le « crime » dont il s'agit ici, comme en d'autres endroits du Répertoire, est d'ordre purement canonique : c'est la simonie ou trafic des bénéfices ecclésiastiques, moyennant de l'argent comptant.

sion de Me Martin Laisné ; mise en possession le 16 par Allou, doyen de Chaumont. Ces actes n'ont été insinués qu'en 1604 au greffe du Vicariat de Pontoise. Reg. XII, 135 ; *Compulsoire*, 153.

183 c. — 1625, 14 janvier. Robert Moreau, curé d'Enencourt-le-Eagé, met en possession le chapelain de Delincourt. Reg. XVII, 154 ; *Compulsoire*, 167'.

ENENCOURT-LE-SEC. — *Cure.*

183 d. — 1622, 3 mars. Provision de la cure pour Me Jean Fabre ; mise en possession le 10 par le doyen Le Porquier. Reg. XVII, 71 ; *Compulsoire*, 165'.

184. — 1695, 21 décembre. Enencourt-le-Sec, vacant par la démission de M. Charles Roffet, conféré *pleno jure* à M. (*en blanc*) Bernard (Registre de visites).

185. — 1696. Enencourt-le-Sec, vacant par la démission de M. Charles Bernard, conféré de plein droit à M. (*en blanc*) Dumont : à Paris, le 21 janvier.

186. — 1696, 16 avril. Énencourt le-Sec, vacant par la démission de M. Hubert Dumont pour (*en blanc*) Le Roy, *pleno jure.*

ERAGNY. — *Cure.*

186 b. — 1626, 23 septembre. Provision de la cure d'Eragny, pour Me Martin Chrestien ; mise en possession le 26 par le doyen Le Porquier. Reg. XVII, 235 ; *Compulsoire*, 170.

187. — 1697. Provision de la cure d'Eragny, vacante par la mort de M. Martin Jeffosse, pour M. Ulfran Cailly, *pleno jure* ; à Paris, le 11 novembre.

188. — 1710, 20 septembre. Provision de la cure — vacante par la mort du dernier titulaire, pour M. Paul Nicolas de Leschaudel, *pleno jure.*

LE FAY. — *Cure.*

188 b. — 1625, 24 février. Provision de la cure pour Me Charles Escouvette ; 2 mars, mise en possession par Pierre Le Franc, prêtre. Reg. XVII, 161 ; *Compulsoire*, 167'.

189. — 1691. Visa de la cure du Fay, doy. de Chaumont, dont les noms ne sont point remplis, *pleno jure* par Mgr de Colbert, abbé du Bec ; du 21 décembre.

LE FAY. — *Chapelle St-Jean.*

190. — 1658, 17 août. Provision de la chapelle de St-Jean en la paroisse de St-Vaast du Fay, doy. de Chaumont, vacante par la mort du sieur Escouvette, pour M. Joseph Figuières, de plein droit.

FLAVACOURT. — *Cure.*

191. — 1663. Provision de la cure — doy. de Chaumont, vacante par la mort de M. Pierre Pierins, pour M. Antoine d'Hincourt, de plein droit ; du 10 février.

FLAVACOURT. — *Chapelles.*

191 b. — 1603, 13 octobre. Provision des chapelles de N.-D. de Haulbecourt et de St-Maur du Pré, dans la paroisse de Flavacourt (*nom en blanc*) ; 3 avril 1604, mise en possession par Allou, doyen de Chaumont. Reg. XII, 122 ; *Compulsoire*, 152'.

192.— 1709. Visa des chapelles de St-Jean-Baptiste, de N.-D. du Pray, de St-Antoine de Pade, de St-Marcel, de N.-D. de Hautecourt, dans l'église ou paroisse de —, vacantes par la résignation de M. Charles Urbain Feray en faveur de M. J.-B. du Pont St-Pierre, du consentement du patron laïque ; du 22 octobre.

193. — 1710. Provision (des chapelles ci dessus) vacantes par la mort de M. J.-B. du Pont St-Pierre, pour M. Nicolas Le Sellier, présenté par le seigneur du lieu ; du 4 avril.

FLEURY. — *Cure.*

194. — 1701, 15 octobre. Provision de la cure de —, doyenné de Chaumont, vacante par la mort du dernier titulaire, pour le sieur Blangrenon, comme gradué, de plein droit.

FRESNES-L'AIGUILLON. — *Cure.*

194 b. — 1603, 18 avril. Provision de la cure de Fresnes à Mᵉ Marin Guirache, sur la présentation du Seigneur ; 6 mai, mise en possession par Allou, doyen de Chaumont. Reg. XII, 12 ; *Compulsoire*, 151'.

194 c. — 1617, 23 mai, Marin Guerche (*sic*), curé de Fresnes, met en possession le curé de Tourly. Voir nº *234 b.*

FRESNES-L'AIGUILLON. — *Chapelle de Ste-Catherine.*

194 d.— 1610, 11 mai. Provision de la chapelle — par le grand-vicaire, Charles de Boves pour Joseph Hubert. Reg. XIV, 130 ; *Compulsoire*, 158'.

195.— 1617, 11 mai. Provision de la chapelle de Ste-Catherine de Fresnes l'Aiguillon, doy. de Chaumont, vacante par la résignation ou démission de M. Joseph Huber, pour M. Charles de Boves, présenté par la dame du lieu, *causa permutationis*. (Cette permutation visait la cure de St-Clair de Tourly, même doyenné).

195 b. — D'après le texte du Reg. XVI, 89, la provision fut donnée par Mᶜ Jean Quatresolz, vicaire de l'archevêque de Rouen, pour Mᵉ Charles de Boves, vicaire de Pontoise, qui fut mis en possession le 2 juin par Robert Guillou, curé de Bréançon. *Compulsoire*, 161.

195 c. — 1623, 23 février. Provision de la cure — par le grand-vicaire Pierre Acarie à M. Jean Le Pilleur ; mise en possession le 26 par le doyen Le Porquier. Reg. XVII, 108 ; *Compulsoire*, 166.

196. — 1710. Provision de la chapelle — vacante par la mort de M. Thomas Bourrelier, pour M. J.-B. Rastel, présenté par le seigneur dudit lieu de Fresnes ; du 12 octobre, en cours de visite.

HARAVILLIERS. — *Cure.*

197.— 1624, 17 avril. Provision de la cure de Nostre-Dame d'Haravilliers, doy. de Chaumont, vacante par la démission ou abdication du droit de M. Nicolas Davaine, pour M. Jacques Dosmay, de plein droit.

197 b. — 1624, 12 juillet. Provision de la cure — sur visa, pour Mᵉ Toussaint Lefébure ; mise en possession le 15 par Marchand, notaire en cour d'Eglise, à Pontoise. Reg. XVII, 136 ; *Compulsoire*, 167.

198. — 1664, 22 décembre. Visa de la cure — vacante par la mort de M. Claude Lefebure pour M. Gabriel Le Boulenger, *ad conservationem juris*.

199. — 1711. Provision de la cure — vacante par la mort de M. Jean du Vivier, pour M. Gabriel Durand, comme gradué sur l'archevéché de Rouen, du 12 avril, au cours de calende.

200. — 1711. Provision de la cure de N.-D. de l'Assomption d'Haravilliers, vacante par la mort de M. Gabriel Durand, pour M. J.-B. Le Mazurier, *pleno jure*; à Forges, le 8 juin.

201. — 1711. Provision de la cure — vacante par la mort de M. J.-B. Le Mazurier, pour M. Robert Alexandre *pleno jure* ; à Gaillon, le 26 septembre.

202. — 1711. Provision identique, du 30 septembre.

Hardivilliers. — *Cure.*

202 b. — 1619, 6 janvier. Provision de la cure d'Hardivilliers pour Me Claude Hamot ; 28 janvier, mise en possession par Le Porquier, doyen de Chaumont. Reg. XVI, 172 ; *Compulsoire*, 164'.

202 c. — 1626, 12 juillet. Provision de la cure pour Me Osmond Quesnay. Reg. XVII, 234 ; *Compulsoire*, 169'.

202 d. — 1627, 11 août. Provision de la cure pour Me Toussaint Flamant; mise en possession par le doyen Le Porquier, sans date. Reg. XVIII, 16 ; *Compulsoire*, 170'.

Hénonville. — *Cure.*

202 e. — 1610, 21 août. Provision de la cure d'Hénonville par le grand-vicaire de Pontoise, Charles de Boves, pour Me Nicolas Rignotte. Reg. XIV, 152. *Compulsoire*, 158'.

203. — 1620, 27 juillet. Provision de la cure d'Hénonville, doyenné de Chaumont, vacante par la mort du sr Moulin, pour M. Pierre Le Marchand, de plein droit.

203 b. — 1624, 20 mars. Provision de la cure, par le grand-vicaire de Pontoise, Pierre Acarie, pour Me Charles Dubois, prêtre ; 11 avril, mise en possession par M. Le Porquier, doyen de Chaumont. Reg. XIV, 143 ; *Compulsoire*, 167'.

204. — 1662, 30 décembre. Provision de la cure vacante par la mort de M. Luc Le Maire, pour M. Louis Vaudichon, de plein droit ; du 30 décembre.

Hénonville. — *Chapelle St-Jean-Baptiste.*

205. — 1647, 11 février. Visa de la chapelle St-Jean-Baptiste et St-Jean l'Evangéliste, dans la paroisse de Hénonville, doyenné de (*en blanc*) vacante par la manière à exprimer dans les lettres de provision et nonobstant les prétentions d'un ou de plusieurs contendants, pour M. Antoine Le Fèvre.

Hibouvilliers. — *Cure.*

206. — 1601, 23 août. Provision de la cure de St-Crespin de Hibouvilliers, doy. de Chaumont, vacante par la résignation de frère Charles Dauvergne en faveur de frère Guillaume Jullien, religieux de l'abbaye de Ressons, ordre de Premonstré, présenté par l'abbé de la mesme abbaye.

206 b. — 1603, 23 août. Provision de la cure d'Hybouvilliers pour frère Guillaume Jullien, religieux de Ressons ; mise en possession le 24 par Allou, doyen de Chaumont. Reg. XII, 56 ; *Compulsoire*, 152'.

IVRY-LE-TEMPLE. — *Cure*.

207. — 1670. Provision de la cure d'Ivry, vacante par la détention injuste, faute d'âge, de M. Jean Le Tellier, pour M. Jacques Le Bourg, *pleno jure* ; à Gaillon, le 22 mars.

208. — 1670. Provision de la cure, vacante par la mort de Jean Le Tellier, pour M. Louis Le Pigeon, *pleno jure* ; du 10 may, à Pontoise.

209. — 1676. Provision de la cure — vacante par la mort du sieur Pigeon (*sic*), pour M. Jean Melote, comme de plein droit ; du 23 septembre, à Gaillon.

210. — 1709, 24 janvier. Provision de la cure vacante par la mort du sieur Le Chevalier, pour M. Pierre Cauvet, en tour de grade sur l'archevêché de Rouen.

211. — 1709. 27 juillet. Provision de la cure — vacante par la mort de M. Eustache Le Chevalier, pour M. Bonaventure Le Roy, comme gradué sur l'archevêché *ad conservationem juris*, le lieu estant rempli.

JAMERICOURT. — *Cure*.

211 b. — 1617, 17 avril. Raulant Corbin, curé de Jamericourt, met en possession le curé de Neuville-au-Bosc. Reg. XVI, 116' ; *Compulsoire*, 161

211 c. — 1621, 10 septembre. Provision de la cure pour Me Pierre Langlix ; mise en possession le 11, par le doyen Le Porquier. Reg. XVII, 225'; *Compulsoire*, 169'.

211 d. — 1630, 9 janvier et 29 octobre. Le curé Langlix met en possession les curés de L'Aillerie et de Boissy-le-Bois. *Compulsoire*, 172'.

JOUY-EN-THELLE. — *Cure*.

212. — 1708. Provision de la cure de Jouy-en-Telles, doyenné de Chaumont, pour M. Le Fèvre, de plein droit, à Paris, le 10 juin.

213. — 1708. Jouy-en-Telle. pour M. Guillaume Mansel, sur la démission de M. Guillaume Lefèvre, à Paris, le 21 février.

LATAINVILLE. — *Cure*.

213 b. — 1602, 15 février. Provision de la cure de Latainville pour Pierre Cauchoix ; 21 février, mise en possession par Allou. Reg. XII, 4 ; *Compulsoire*, 151'.

213 c. - 1624, 28 juin. Jean de la Faye, curé de Lattainville, met en possession le curé de Courcelles-sur-Gisors. *Compulsoire*, 168.

213 d. — 1627, 28 mai. Provision donnée par le grand-vicaire Acarie pour M. Michel de la Fraye ; mise en possession le 17 avril 1628 par le doyen Le Porquier. Reg. XVIII, 49 ; *Compulsoire*, 170'.

214. — 1711, 11 août. Provision de la cure de Latainville, doyenné de Chaumont, vacante par la mort de M. André du Ruel, pour M. Jean-Charles Roffet, présenté par l'abbesse de Gomerfontaine.

LIANCOURT. — *Prieuré*.

215. — 1668, 17 novembre. Visa du prieuré de St-Pierre de Liancourt, doyenné de Chaumont, ordre de St-Benoist, vacant par la cession en commende de M. Gabriel Petit, en faveur de M. Barthelemi de Grammont, dont il l'avait eue par résignation.

LOCONVILLE. — *Cure.*

215 b. — 1603, 13 décembre. Provision de la cure pour Me Jean Belin, prêtre ; mise en possession le 19. Reg. XII, 116 ; *Compulsoire,* 152'.

215 c. — 1610, 26 novembre. Provision de la cure pour Thomas Morin ; mise en possession le 28. Reg. XIV, 181 ; *Compulsoire,* 159.

216. — 1657, 5 mars. Provision de la cure de St-Lucien de Loconville, doy. de Chaumont, vacante par la démission de M. Jean Heluis, pour M. André de Morenvillé, de plein droit.

217. — 1657, 6 mars. Provision de la cure — vacante par la mort de M. Jean Heluye (*sic*), pour M. André de Morenvillé, de plein droit.

218. — 1672, 2 avril. Provision de la cure — vacante par la mort du dernier titulaire, pour M. Jean-Nicolas Crostey, de plein droit.

219. — 1676, 17 août. Provision de la cure — vacante par mort du sieur Prudhomme, pour M. Jean Nicolas Croste (*sic*), de plein droit.

220. — 1680. Provision de la cure — vacante par la mort du dernier titulaire, pour M. Jean Yver Alleaume ('), de plein droit ; à Beaumont-le-Roger, le 16 novembre.

221. — 1702, 14 décembre. Provision de la cure vacante par la démission de M. Charles Hecquet, pour M. Jacques Nehou, de plein droit.

MESNIL-THERIBUS. — *Cure.*

221 b. — 1599, 11 mars. Provision de la cure pour Thomas Hallé, clerc ; mise en possession le 13 par Allou, doyen de Chaumont. Ces actes n'ont été insinués qu'en 1604 au greffe du Vicariat de Pontoise. Reg. XII, 155 ; *Compulsoire,* 153'.

221 c. — 1612, 29 janvier. Provision pour (*nom en blanc*) par permutation avec Thomas Hallé. Reg. XV, 11 ; *Compulsoire,* 159'.

221 d. — 1614, 20 juillet. Provision pour Jean Charles ; mise en possession le 22 par Pierre Gaché, notaire en cour d'Eglise à Pontoise. Reg. XVI, 5 ; *Compulsoire,* 160.

221 e. — 1630, 29 septembre. Provision pour Antoine Duhamel. Reg. XIX, 32 ; *Compulsoire,* 173.

222. — 1700, 24 décembre. Provision de la cure de — doyenné de Chaumont, vacante par la mort du dernier titulaire, pour le sieur Prevel, *pleno jure.*

MONTS. — *Cure.*

222 b. — 1625, 31 décembre. Provision de la cure de Monts par le grand-vicaire Acarie pour Me René Godefroy. Reg. XVII, 192 ; *Compulsoire,* 168'.

222 c. — 1627, 27 mars. Provision, par le même, pour Mr Jacques Thouraut, mise en possession le 22 mars par Gache. Reg. XVII, 243 ; *Compulsoire,* 170.

(1) Le second prénom « Yver » paraît résulter d'une erreur de lecture pour « Yved » ou pour « Yves ».

NEUVILLE-AU-BOSC. — *Cure.*

222 d. — 1600, 22 août. Provision de la cure de Neuville-au-Bois pour Jacques Douenet. Reg. X, 134 ; *Compulsoire,* 147.

222 e. — 1617, 15 février. Provision, pour Me Jean Le Plege, de la cure — vacante par la mort de Me Alexandre de Lauge : 17 avril, mise en possession par Raulant Corbin, curé de Jamericourt. Reg. XVI, 116 ; *Compulsoire,* 161.

222 f. — 1624, 6 mars. Provision de la cure par le grand-vicaire Acarie à Me Charles Gosbert ; mise en possession le 18 par Marchand, notaire en cour d'Eglise à Pontoise. Reg. XVII, 121 ; *Compulsoire,* 166.

223. — 1696. Neuville-Bosc, doy. de Chaumont, vacant par mort, pour M. Jean Le Tondelier, *pleno jure* ; Paris, 21 avril.

NEUVILLE-AU-BOSC. — *Chapelle de St-Antoine.*

224. — 1669. Provision de la chapelle de St-Antoine hermite, dans la paroisse de Neuville-au-Bosc, vacante par la mort du dernier titulaire, pour M. Jules César Favre, *pleno jure,* quoique de patronage laïque ; à Gaillon, le 15 février.

PORCHEUX. — *Cure.*

225. — 1709, 10 août. Provision de la cure de Pourcheux, doy. de Chaumont, vacante par la mort du dernier curé, pour Me Antoine Berruyer, présenté par M. l'abbé de Vasse, prieur de St Ouen de Gisors.

POUILLY. — *Cure.*

225 b. – 1604, 27 septembre. Provision de la cure de Pouilly, pour André Cuvernon, Reg. XII, 195 ; *Compulsoire,* 154.

225 c. — 1608, 1er avril. Provision de la cure pour Me Jean Villot ; mise en possession le 6 mai. Reg. XIV, 14 ; *Compulsoire,* 157'.

226. — 1661. Provision de la cure de Pouilly, doy. de Chaumont, vacante par la mort de M. Jean de la Treille, pour M. François Trevet, de plein droit ; à Gaillon, le 9 septembre.

227. — 1709. Provision de la cure — vacante par la mort du dernier titulaire, pour M. François Fleurie, de plein droit ; du 1er décembre (registre de campagne).

REILLY. — *Cure.*

228. — 1658. Provision de la cure de Reilly, doy. de Chaumont, vacante par la démission de M. Jean Berbiguier, pour M. Jean de la Brousse, de plein droit, *jure nostro etc. salvo.* Paris, 8 octobre.

RESSONS. — *Cure.*

229. — 1644, 11 mai. Visa de la cure de St-Vincent *de Riboceto, vulgo* Ressons, unie à l'abbaye des religieux Trinitaires du lieu, de la Rédemption des Captifs, doy. de Chaumont, vacante par la démission de frère Jacques Thomas, pour frère Godefroy de la Folie, dudit ordre.

Senots. — *Prieuré de Ste-Anne du Nouveau lieu.*

229 b. — 1625, 13 février. Provision du prieuré de Ste-Anne — par le grand-vicaire Acarie, pour M⁰ Ambroise Caffin ; mise en possession le 16 par M⁰ Claude Poictevin, prêtre. Reg. XVII, 168 ; *Compulsoire*, 168.

Senots. — *Prieuré de St-Ansbert.*

230. — 1638, 17 avril. Visa du prieuré de St-Ansbert, ordre de St-Benoist, doy. de Meulan (*sic*), dépendant du Bec, vacant par la résignation de frère Pierre Barre, prémontré, pour frère Pierre du Bosc Regnoult, bénédictin du Bec.

231. — 1659, 9 août. Visa du prieuré de St-Ansbert de Senots, doy. de Chaumont, vacant par la résignation de frère Pierre Boscregnoult, religieux bénédictin, en faveur de frère Jean Lorier, dudit ordre.

Taillemontier. — *Cure.*

231 b. — 1627, 14 décembre. Provision de la cure pour M⁰ Louis Caquet, mise en possession le 7 avril 1628. Reg. XVIII, 42 ; *Compulsoire*, 171.

232. — 1627, 14 décembre. Visa de la cure de St-Pierre de Taillemontier, doy. de Chaumont, vacante par la résignation de M. Jean Caignet pour M. Louis Caignet, *jure alieno salvo*.

Thibivilliers. — *Cure.*

232 b. — 1600, 24 mars. Provision de la cure de Thibivilliers pour Philippe de Coquereul ; 9 novembre, mise en possession par Allou, doyen de Chaumont. Reg. X, 138 ; *Compulsoire*, 147'.

233. — 1675, 2 avril. Provision de la cure de — doyenné de Chaumont, vacante par la mort du dernier titulaire, pour M. Jean Nicolas Crostey, de plein droit.

Tourly. — *Cure.*

234. — 1617, 11 mai. Provision de la cure de St-Clair de Tourly, doyenné de Chaumont, vacante par la démission de M. Charles des Boves, pour M. Joseph Hubert, de plein droit, *causa permutationis*.

[Cette provision donnée par M⁰ Jean Quatresolz, vicaire général de l'Archevêque de Rouen à Pontoise. *Compulsoire*, 161].

234 b. — 1617, 23 mai. Mise en possession de M⁰ Joseph Hubert par Marin Guerche [ou Guirache], curé de Fresnes. Reg. XVI, 83 ; *Compulsoire*, 161.

234 c. — 1630, 1ᵉʳ mars. Provision pour M⁰ Jacques Bineau. Reg. XIX, 36 ; *Compulsoire*, 173.

Trie-Château. — *Cure.*

234 d. — 1599, 4 juin. Provision de la cure de Trie-Château pour M⁰ Jean Lhuillier sur la présentation du Seigneur ; 8 juin, mise en possession par Allou, doyen de Chaumont. — Ces actes ont été insinués au greffe du Vicariat de Pontoise seulement en 1604. Reg. XII, 147 ; *Compulsoire*, 153'.

234 e. — 1628, 5 avril. Provision pour M⁰ Antoine Le Lanternier ; mise en possession le 10, par le doyen Le Porquier. Reg. XVIII, 44 ; *Compulsoire*, 171.

235. — 1661. Provision de la cure de Trie-Chasteau, doy. de Chaumont, vacante par la mort de M. Antoine Le Lanternier, pour M. Philippe Richer, présenté par le Seigneur du lieu ; à Paris, le 7 février.

TRIE-LA-VILLE. — *Cure*.

235 b. — 1601, 25 août. Provision de la cure à Me Nicolas Poussin, sur la présentation de la Dame du lieu. — 27 août. Mise en possession par Allou, doyen de Chaumont. Reg. XI, 2 ; *Compulsoire*, 148'.

235 c. — 1605, 31 mars. Nicolas Poussin, curé de Trie, met dom Georges Faguet en possession du prieuré de St-Pierre de Chaumont. Voir n° *181 d*.

VAUDAMPIERRE. — *Cure*.

235 d. — 1612, avril. Insinuation au greffe du Vicariat d'une provision de la cure de Vaudampierre donnée par le grand-vicaire Charles de Boves pour Antoine Hallé (*sans date*). Reg. XV, 2' ; *Compulsoire*, 160.

VAUMAIN. — *Cure*.

235 e. — 1605, 29 juin. Provision de la cure de Vaumain pour Me Jean du Four ; 2 juillet, mise en possession par Allou, doyen de Chaumont. Reg. XIII, 24 ; *Compulsoire*, 155.

236. — 1605, 5 novembre. Provision de la cure du Vaulmain, doy. de Chaumont, vacante par la mort du dernier curé ; pour M. Jean du Four, de plein droit.

237. — 1657, 10 mars. Provision de la cure de St-Pierre de Vaulmain, vacante par la mort de M. Pierre Homet, pour M. Jean Huet, de plein droit.

238. — 1658. Provision de la cure — vacante par la résignation de M. Dominique de la Terrade en faveur de M. Jean de Massy, *jure quolibet salvo* ; à Paris, le 27 juin.

239. — 1695. Vaumain, *pleno jure*, conféré à M. Jacques Burnouf, sur la démission de M. Henri Jaumar ; à Paris, le 22 juillet.

240. — 1709. Provision de la cure — vacante par la mort du dernier titulaire, pour M. Jacques de Campel de Saujon, *pleno jure* ; du 6 décembre (dans le registre de campagne).

LA VILLETERTRE. — *Cure*.

241. — 1607. Visa de la cure de La Villetartre, doy. de Chaumont, vacante par la résignation de M. Jean Le Roy, pour M. Claude Lambert ; du 6 juillet.

242. — 1676, 19 juin. Provision de la cure — vacante par la résignation de M. André Trevet en faveur de M. Pierre de la Faye, *causa permutationis* ; du 19 juin.

VILLERS-SUR-TRIE. — *Cure*.

242 b. — 1630, 9 mars. Provision de la cure pour Me Michel Prunier. Reg. XIX, 5 ; *Compulsoire*, 177'.

243. — 1708, 9 mai. Villers-sur-Trie, doy. de Chaumont, pour M. Charles Barentin, présenté par le prince de Conty.

ARCHIDIACONÉ DU VEXIN NORMAND

L'Archidiaconé du Vexin Normand comprend les doyennés de Gisors, Baudemont et Gamaches.

DOYENNÉ DE GISORS

Amécourt (autrefois Amercourt). *St-Hilaire* [Le Seigneur].

Bazincourt. *St-Remi* ou *St-Denis* [Le sire de St-Paër et l'Archevêque, alternant].

* Beauficel. V. Bosficel.

Beaumont-le-Perreux. V. Bernouville,

* Beauvoir-en-Lions. *St-Nicolas* [St-Laurent-en-Lyons].

  — Prieuré de chanoines réguliers à St-Laurent-en-Lyons [Le Roi].

Bernouville (ou Bernonville). *Notre-Dame* [Le Bec].

  — Prieuré de *Notre-Dame* à Beaumont-le-Perreux [Le prieur de Longueville-la-Giffard].

* Bézu-la-Forêt (ou le Sec). *St-Martin* [Le sire de Maurepas, seul depuis 1676].

  — Chapelle de *Ste-Catherine* de Maurepas, fondée (fin du XIIIe s.). par Jean Le Veneur [Id.].

  — Chapelle de *St-Eutrope*, dès 1470 [Le Seigneur, en 1704 ; puis le Roi].

Bézu-le-Long. *St-Eloi* [Le Seigneur ; autrefois (1495) par alternance avec le baron d'Etrépagny].

  — *St-Remi* [Le Seigneur].

  — Prieuré de *St-Remi* [La Croix-St-Leufroy].

* Bosficel (par corr. Beauficel). *Notre-Dame,* érigée en 1293 [Le Seigneur et l'Archevêque, alternant].

  — Chapelle du manoir de Ficel (1467).

* Bosquentin. *Ste-Anne* [Mortemer-en-Lions].

Bouchevilliers. *St-Ouen* [Le Seigneur].

* Corval. *St-Aubin* [Paroisse réunie à Neufmarché].

Le Coudray-en-Vexin. *St-Martin* [Le prieur de Vesly, pour l'abbé de Marmoutier].

Doudeauville. *St-Aubin* [Fontaine Guérard, par don de Guerri de Guitrancourt et de Hugues Le Vaslet de Chaumont, XIIIe s. à 1648 ; puis le Seigneur, 1704-1738].

— Chapelle seigneuriale de *Ste-Véronique*, fondée en 1628, désaffectée en 1724 [Le Seigneur].

* La Feuillie. *St-Eustache*, anc. chapelle du château royal de Mate-brune, érigée en 1293 [St-Laurent-en-Lyons].

— Chapelle de *St-Charles* au château de Richebourg [Le Seigneur].

* Fleury-la-Forêt. *St-Brice* [Le Seigneur].

** Gaillardbois. *SS. Pierre et Paul* [Le prieur des Deux-Amants].

Gisors. *SS. Gervais et Protais* [Marmoutier].

— Prieuré de *St-Ouen* [Marmoutier ; uni en 1711 au couvent des Jésuites de Rouen].

— Chapelle de Boisgeloup (1676).

— Couvent des Annonciades (*St-Antoine*).

— Couvent de Trinitaires (*Notre-Dame de Liesse*).

— Couvent de Récollets (*St-Joseph*), ancien hôpital de St-Antoine.

— Couvent d'Ursulines (*Notre-Dame*).

— Couvent de Carmélites (*Notre-Dame*).

— Chapelle de *Ste-Catherine* [Le marquis de Flavacourt].

— Chapelle de *St-Thomas de Cantorbéry*, au château [Le comte de Gisors].

— Chapelle de *St-Laurent* de Vaux [Le Seigneur].

— Maladerie, puis couvent d'Hospitalières de *Ste-Elisabeth*, à Ste-Marguerite.

— Léproserie (*Notre-Dame et St-Lazare*), depuis Hôtel-Dieu (*St-Joseph*).

Hébécourt. *St-Laurent* [Le Seigneur.].

Heudicourt. *St-Sulpice* [Le Seigneur].

* Lilly. *St-Pierre* [Le Seigneur].

— Léproserie unie au Prieuré du Mont aux Malades (1419).

* Lisors. *St-Martin* [Le Seigneur du lieu].

— Chapelle de *St-Jean-Baptiste*, au château [Le Seigneur].

* Longchamp. *St-Martin* [St-Etienne de Caen].

— Prieuré de *St-Nicolas* [Id.]

* Lorleau. *St-Martin* [L'Archevêque].

— Prieuré de *St-Paul-en-Lyons* [Cerisy].

— Chapelle au hameau de *St-Crépin*, xiie s. [St-Laurent-en-Lyons].

* Lyons-la-Forêt. *St-Denis* [Le comte de Gisors].

— Prieuré de Bénédictines de *St-Charles* [L'Archevêque].

— Prieuré de *St-Aubin* de Villaines [Ste-Catherine de Rouen].

— Couvent de Cordeliers (*St-Louis*).

— Chapelle de *St-Jean-Baptiste*, à l'Essart Mador [Le sire de Nolléval].

— Chapelle de *St-Nicolas* ou *St-Thomas* [Le comte de Gisors].

— Maladerie (1246) puis chapelle de *Ste-Marguerite*, aux Landes-Louvel [St-Laurent-en-Lyons].

* Maineville. *St-Pierre* [Le Seigneur]

— Chapelle de *St-Louis*, au Château [Id.].

Martagny-en-Lyons. *St-Vincent* [Le sire de la Londe-Commin].

** Menesqueville. *St-Aubin* [Le Seigneur].

— Chapelle seigneuriale [Id.].

** Mesnil-sous-Verclive. *St-Nicolas* [L'Archevêque].

* Mesnil-sous-Vienne. *St-Aubin* [St-Laurent-en-Lyons, par don d'Enguerran de Marigny].

* Montroti. *La Madeleine* [Mortemer].

* Morgny-la-Forêt. *Notre-Dame* [St-Denis, xiie-xiiie s., puis le Seigneur].

* Mortemer-en-Lyons. *Ste-Catherine* [L'Abbé de Mortemer].

— Abbaye de *Notre-Dame* [Le Roi].

Neaufle. *St-Martin* [Le baron d'Etrépagny].

— *St-Pierre*, éteinte en 1601 [Id.]

— Hôpital, puis chapelle des *SS. Jacques et St-Christophe.*

— Léproserie de *St-Lazare* (1489).

* La Neufgrange. *St-Pierre* [Mortemer].

* Neufmarché-en-Lyons, *St-Pierre* [St-Evroul].

— Prieuré [Id.].

— *St-Aubin* de Corval [St-Germer], unie à Neufmarché.

— Chapelle de *Notre-Dame*, à Corval [Le Seigneur].

— Hôpital de *St-Louis* (1479), disparu.

— Léproserie de la *Madeleine*, unie à l'hôpital de Gournay-en-Bray.

* Noyon-le-Sec.. *St-Sigismond* [Cormeilles].

* Puchay. *Notre-Dame et St-Julien* [St-Amand de Rouen et St-Louis de Poissy, alternant].

— Chapelle de *St-Mathurin* de Goupillières, transférée dans l'église [Le Seigneur].

* Rosay-en-Vexin. *Notre-Dame* [St-Laurent-en-Lyons, par don de Jean de Marigny, fils d'Enguerran I et petit-fils de Hugues Le Portier, en 1246].

Saint-Denis de Ferment (*ou* Le Ferment). *St-Denis* [Le Seigneur]

— Prieuré de *Ste-Austreberte* [St-Saëns].

Saint-Martin-au-Bosc. *St-Martin* [Le Seigneur].

— Chapelle de la *Visitation*, au château [Id.].

Saint-Paër-en-Vexin. *St-Paër* [Le Seigneur].

Sancourt. *St-Clair* [Le sire de St-Paër].

Saussay-la-Vache (ou le Saussay) *St-Martin* [Le Seigneur].

La Thil-en-Vexin. *Notre-Dame* [Le chanoine du Thil, à la cathédrale de Rouen ; puis le Seigneur].

Tierceville. *Notre-Dame* [Le Seigneur].

** Touffreville-sur-Ecouis. *St-Pierre* [St-Evroul].

* Transières. *St-Michel.* [St-Ouen de Rouen].

* Le Tronquay. *St-Ouen* [L'Isle-Dieu].

** V e r c l i v e s. *St-Martin* ou *St-Nicolas* [Mortemer, par don d'Amauri de Verclives en 1205 ; puis le Seigneur, dès 1604].

— Chapelle de *St-Jean*, au château (1658).

Le Bailliage de Gisors comprenait quatre vicomtés : Andely, Gisors, Lyons Vernon.

La Vicomté de Gisors comprenait, en outre des dix-huit paroisses non marquées d'un ou de deux astérisques, les suivantes :

Aveny, Baudemont, Berthenonville, Bionval, Bosroger-sur-Buchy, Bray-sous-Baudemont, Bu, Château-sur-Epte, Chauvincourt, Civières, Dampmesnil, Dangu, Douxmesnil, Ecos, Fontenay-de-Beauregard, Forêts, Forges, Gamaches, Gisen-court, Guerny, Hacqueville, Haute-Verne, Molaincourt, Noyers-en-Vexin, Pro-vemont, Quitry, Requiercourt, Sainte-Marie-aux-Champs, Valcorbon, Vesly, Villiers-sur-le-Roule.

La Vicomté de Lyons comprenait, outre les vingt-quatre paroisses marquées d'un seul astérisque, les suivantes :

La Chapelle-St-Ouen-sur-Sigy (doy. de Ry), Charleval (doy. de Gamaches), Sigy (doy. de Ry).

La Vicomté d'Andely comprenait les cinq paroisses marquées d'un double astérisque.

AMÉCOURT. — *Cure.*

244. — 1647. Visa de la cure de St-Hilaire d — doyenné de Gisors, vacante par la résignation de M. Florimond de Marles en faveur de M. Jean-Baptiste Le Sauvage, du consentement du seigneur ; du 6 novembre.

245. — 1665. Provision de la cure — vacante par la mort du sieur Le Sauvage, pour M. Nicolas Le Masson, pour M. René Manicourt (*sic*), pour M. Laurens Brisset, présenté par le Seigneur ; du 8 septembre.

246. — 1668. Provision de la cure — vacante par la mort du sieur Le Masson, pour M. René Massy, présenté par M. Pierre du Four Longuerue, seigneur du lieu ; du 6 mars.

247. — 1675. Provision de la cure, vacante par la mort de M. René Manicourt (*sic*) pour M. Laurens Brisset, présenté par le Seigneur du lieu ; du 24 novembre. N'a point été signée, ni expédiée.

248. — 1676. Provision... pour M. Jean Le Chevalier, présenté par le Seigneur du lieu ; du 24 février.

249. — 1677. Provision de la cure — vacante par la mort de M. Jean Chevalier (*sic*) pour M. Louis Nehou, présenté par le Seigneur du lieu ; du 12 may.

BAZINCOURT. — *Cure.*

250. — 1623. Provision de la cure de — doyenné de Gisors, vacante par la mort de M. Denis Doré, pour M. Pierre Thibault, de plein droit ; du 6 septembre.

251. — 1624. Visa de la cure de St-Denis de Bazincourt, — vacante par la résignation de M. Pierre Thibault, pour M. Germain Riquier, du consentement

du seigneur du lieu, patron alternatif avec Monseigneur et en tour de nommer ;
du 29 mars.

252. — 1626. Provision de la cure — vacante par la mort de M. Germain
Reynes ou Racynes (*sic*) pour M. Pierre Fouchault, de plein droit, du 11 novembre,

253. — 1632. Provision de la cure, vacante par la mort de M. Pierre Foucault,
pour M. Jacques Seurey présenté par le baron de St-Poix ou St-Prix en tour de
nommer, comme patron alternatif avec Monseigneur, *jure domini Archiepiscopi
salvo* ; du 29 mars.

254. — 1634. Provision de la cure — vacante par la mort de M. François
Seurey, pour M. François Mauger ; du 10 avril.

255. — 1639. Provision de la cure vacante par la mort de M. François Mauger,
pour M. Jacques de la Mare, présenté par le Seigneur du lieu ayant l'alternative
avec Monseigneur ; du 6 avril.

256. — 1645. Visa de la cure — vacante par la mort de M. Jacques de la
Mare, pour M. Guillaume Hellouin, de plein droit, au tour de Monseigneur ayant
l'alternative avec le seigneur du fief de St-Prix ou St-Paër (*sic*) ; du 15 février.

257. — 1655. Provision de la cure — vacante par la démission de M. Guillaume Hellouin, pour M. Philippe Martin présenté par le Seigneur du lieu, patron
alternatif avec Monseigneur ; du 25 mars.

258. — 1656. Visa de la cure — dont le patronage est alternatif entre Monseigneur et le Seigneur du lieu, vacante par la cession du droit de M. Philippe
Martin et de M. Guillaume Helouis (*sic*) en faveur de M. Jean Boutefort ; du
6 novembre.

259. — 1696. Provision de la cure de — vacante par mort, pour M. Martin Martin (*sic*), présenté par le Seigneur du lieu ; à Paris, le 1er février.

BEAUFICEL. — *Cure*.

260. — 1600. Visa de la cure de — doyenné de Gisors, vacante par la détention indue faute de l'âge suffisant de M. Louis Duval, pour M. Nicolas Le Blond,
jure alieno salvo ; du 16 mars.

261. — 1610. — Beauficel, 23 juillet (*indiqué*).

262. — 1628. Provision de la cure — vacante par la mort de M. Vincent du
Bloc, pour M. Pierre Fouchault, comme gradué sur l'Archevesché ; du 1er may.

263. — 1628. Provision — pour M. Charles Guyot présenté par le Seigneur du
lieu *ad conservationem juris*, Monseigneur estant et prétendant estre le seul patron,
et le lieu estant remply de la personne de M. Pierre Fouchault gradué sur l'Archevesché ; du 6 may.

264. — 1632. Visa de la cure, vacante par la résignation de M. Charles Guyot,
au tour de Monseigneur, patron alternatif avec le Seigneur, pour M. Toussaint
Gallopin ; du 13 aoust.

265. — 1663. Visa de la cure — vacante par la mort de M. Toussaint Gallopin,
pour M. Louis Le Lieur, présenté par le Seigneur en tour de nommer, ayant
l'alternative avec Monseigneur ; du 27 mars.

BEAUVOIR-EN-LYONS. — *Cure.*

266. — 1632, 7 mai. Provision de la cure — vacante par la mort de M. Jacques L'Herminier, pour le sieur Jean Potin, chanoine régulier de St-Augustin, présenté par le prieur de St-Laurent en Lyons.

267. — 1669. Visa de la cure de St-Nicolas de - vacante par la résignation de frère Jean Potin, chanoine régulier, en faveur de M. Jean Arachequesne, *cum decreto profitendi* ; du 19 mars.

268. — 1682, 25 mai. Visa de la cure — vacante par la résignation de M. Claude Caron en faveur de M. George de Courcol, *cum voto profitendi in ordine canonicorum regularium Sti Augustini.*

269. — 1691, 17 juillet. Visa de la cure — vacante par la démission de dom George de Gourcol, pour frère Antoine Jacquin, chanoine régulier, présenté par M. Jean du Tôt, prieur commendataire de St-Laurent en Lyons.

270. — 1710. Visa de la cure — vacante par la démission de frère Antoine Jacquin, pour frère Pierre Le Tellier, chanoine régulier de St-Augustin présenté par le prieur de St-Laurent en Lyons ; du 23 décembre.

BERNOUVILLE. — *Cure.*

271. — 1602. Visa de la cure de — doyenné de Gisors, vacante par la résignation de M. Georges Pavie, pour M. François Amelot, *jure alieno salvo* ; du 17 décembre.

272. — 1629. Provision de la cure — vacante par la résignation de M. François Amelot, ou du droit par lui prétendu, pour M. Philippe Penneuel ; du 2 may.

273. — 1701, 24 septembre. Provision de la cure de Bernonville, vacante par la démission de M. André Le Fèvre, pour M. Jacques Joseph Hubert, présenté par Mgr de Colbert comme abbé du Bec.

273 b. — 1702, 6 décembre. Provision de la cure — vacante par la démission de M. Jacques Joseph Hubert, pour M. Augustin du Croq, présenté par Mgr de Colbert comme abbé du Bec.

BERNOUVILLE. — *Prieuré de Beaumont-le-Perreux.*

274. — 1602. Visa du prieuré de — ordre de Saint-Benoist, dépendant de Longueville, dans le doyenné de Gisors, vacant par la mort du dernier titulaire, *aut qui tanto tempore vacaverit*, pour frère Estienne de Venart dudit ordre, *jure alieno salvo* ; du 2 may.

275. — 1645. Visa du prieuré — vacant par la cession ou résignation du droit de M. Gabriel Fournier en faveur de M. Nicolas de Paris, en commende *et sine prejudicio juris aliunde* ; du 19 juin.

276. — 1705, 9 avril. Visa du prieuré régulier de Beaumont-le-Perreux ou Pierreux, vacant par la cession de M. Alexandre Bigot, qui en jouissait par dispense de Rome en commende, en faveur de frère Jacques de Mailly, religieux de la congrégation de St-Maur.

Bézu-la-Forêt. — *Cure.*

277. — 1628. Provision de la cure de Bezu en la Forest, vacante par la mort de M. Jean Le Blanc, pour M. Nicolas de la Varye présenté par le Seigneur du lieu ; du 20 may.

278. — 1649. Provision de la cure de St-Martin de Bezu la Forest, vacante par la mort du sieur de la Varie, pour M. Robert Godez présenté par le Chapitre de Blainville ; du 21 janvier.

279. — 1649. Provision de la cure — pour M. Damiens Milet présenté par le seigneur du lieu ; du 23 mars.

280. — 1664. Provision du la cure — vacante par la mort du dernier curé, pour M. Georges Allorge, présenté par le seigneur du fief de la Brière soi-disant patron, *ad conservationem juris*, du 22 novembre.

281. — 1664. Provision... pour M. Jacques Le Bourg, présenté par le seigneur de Blainville ; du 13 novembre.

282. — 1664. Provision de la cure — vacante par la mort de M. Damien Milet, pour M. François Gillot présenté par le Roy à cause de la garde-noble, *ad conservationem juris* ; du 20 décembre.

283. — 1665. Provision... pour M. Louis Toustain, présenté par la demoiselle Dieuport à cause du fief de la Briere en tour de nommer ; *ad conservationem juris* ; du 4 avril.

284. — 1679. Provision de la cure — vacante par la mort de M. François Gillot, pour M. Nicolas Bonnet, présenté par le seigneur de La Bruyère, patron alternatif avec le seigneur du lieu de Bézu ; du 20 décembre.

285. — 1680, 15 mai. Provision de la cure — vacante par la mort du sieur Guillot, pour M. Henri Le Chevalier, présenté par le Roy à cause de la garde-noble.

Bézu-la-Forêt. — *Chapelle du manoir de Maurepas.*

285 b. — 1628. Provision de la chapelle du manoir seigneurial de Maurepas, paroisse de Bézu-la-Forest, doyenné de Gisors, vacante par la mort de M. Jean Le Blanc, pour M. Nicolas de la Varye, présenté par le seigneur dudit lieu de Maurepas ; du 23 septembre.

286. — 1637. Provision de la chapelle Ste-Catherine de Maurepas vacante par la mort de M. Jacques de la Varye, pour M. Pierre Grandin présenté par le Seigneur du lieu ; du 14 mars.

287. — 1638. Provision de la chapelle — vacante par la démission de M. Pierre Grandin, pour Me Nicolas de Vienne présenté par le Seigneur de Maurepas ; du 23 juin.

288. — 1668, 30 janvier. Provision de la chapelle — vacante par la démission de M. Nicolas de Vienne, pour M. Michel Fressard, présenté par la dame Charlotte Lieuny, patronne du lieu.

Bézu-le-Long. — *Cure de Saint-Eloi.*

288 b. — 1623. Provision de la cure de Saint-Eloi, doyenné de Gisors, va-

cante par la mort de M. Mathurin Chédeville, pour M. Nicolas Huet présenté par le Seigneur du lieu, en tour de nommer et patron alternatif avec M. le duc de Longueville ; du 26 avril.

Bézu-le-Long. — *Cure de Saint-Remi.*

289. — 1616. Visa de la cure St-Remi de Bézu-le-Long, doyenné de Gisors, vacante par la résignation de M. Louis de la Potterye, pour M. Jean Guilbourt ; du 10 mars.

290. — 1624. Provision de la cure — vacante par la mort de M. Jean Gilbout, pour M. Nicolas Maignart, présenté par M. l'abbé de la Croix St-Leufroy, diocèse d'Evreux ; du 25 novembre.

291. — 1647. Provision de la cure — vacante par la mort de M. Nicolas Maignard, pour M. Jean Morelet présenté par l'abbé de la Croix-St-Leufroy ; du 13 may.

292. — 1653. Visa de la cure — vacante par la résignation de M. Jean Moriet, en faveur de M. François Le Sueur ; du 13 décembre.

293. — 1680. Provision de la cure — vacante par la mort du dernier titulaire, pour M. Adrien Thomas, *pleno jure* à cause de la vacance du monastère de la Croix-St-Leufroy ; du 27 mars, au château de Grancey.

294. — 1681, 15 juillet. Visa de la cure de St-Remi de Bézu, vacante par la cession du droit prétendu de Georges Duchesne de Préaux en faveur de M. Nicolas Cany.

295. — 1693, 17 décembre. Visa de la cure de Bézu le Long, vacante par la résignation de M. Nicolas Lamy (*sic*), en faveur de M. Charles Le Vicomte.

296. — 1697, 19 novembre. Visa de la cure — vacante par la résignation de M. Charles Le Vicomte, en faveur de M. Charles Maignard.

Bézu-le-Long. — *Prieuré de St-Remi.*

297. — 1676, 15 décembre. Visa du prieuré St-Remi de Bézu, ordre de St-Benoist, vacant par la mort de M. Louis de Baudry de Piancourt, dernier commendataire pour frère Anne Busquet, religieux bénédictin.

298. — 1677, 13 février. Provision du prieuré de Bézu-le-Loug, vacant par la mort de M. de Baudry de Piancourt, de l'ordre de St-Jean de Jérusalem, pour M. Jean Hue de la Roque par une réquisition faite à M. l'abbé de la Croix-St-Leufroy, diocèse d'Evreux, en conséquence de lettres de la Chancellerie et à raison d'indult.

299. — 1694, 16 juin. Visa de la chapelle ou prieuré de Bézu-le-Long, ordre de St-Benoist, vacant par la démission de frère Arnaud Grave, dudit ordre, pour M. (*en blanc*) de Becdelièvre, à condition de prendre l'habit dans deux mois après la prise de possession.

Bouchevilliers. — *Cure.*

300. — 1628. Provision de la cure de St-Ouen de Bouchevilliers, doyenné de Gisors, vacante par la mort de M. Jean de la Mare, pour M. Jacques Allard, présenté au droit et au nom des enfants du Seigneur, en garde noble ; du 13 may.

301. — 1634. Provision de la cure — vacante par la mort de M. Jacques Allart, pour M. Jacques Prevet, présenté par le Seigneur du lieu ; du 23 mars.

302. — 1699. Provision de la cure - vacante par la mort de M. Louis Lenfant, pour M. Octavien Adam, présenté par M. Claude de Roncherolles, seigneur du lieu ; du 6 mars.

Le Coudray. — *Cure.*

303. — 1605. Visa de la cure de St-Martin du — doyenné de Gisors, vacante par la résignation de M. Eustache Osmont, pour M. Nicolas *etiam* Osmont, *lure alieno salvo* ; du 23 may.

Doudeauville. — *Cure.*

304. — 1643, 14 avril. Visa de la cure de Doudeauville, doyenné de Gisors, vacante par la mort de M. François Cavelier, pour M. Guillaume Devin présenté par le Seigneur du lieu.

304 b. - 1709, 2 juillet. Visa de la cure — vacante par la mort de M. Pierre Vion, pour M. Jean L'Escullier, présenté par la Dame du lieu.

Doudeauville. — *Chapelle de Ste-Véronique.*

305. — 1710, 24 juillet. Provision de la chapelle de Ste-Véronique dans la paroisse de Doudeauville, vacante par la mort de M. Pierre Vion, pour M. Adrien Aubin.

La Feuillie. — *Cure.*

306. — 1612. Provision de la cure de La Feuillie, doyenné de Gisors, vacante par la mort de M. Pierre Brunel, pour M. Louis de Bouys, présenté par le prieur de St-Laurens de Lyons ; du 17 septembre.

307. — 1613. Visa de la cure — vacante par la mort de M. Pierre Brunel, estant actuellement en procedz sur la possessoire d'icelle avec M. Guillaume Barbé, tous deux y prétendant ; le dit procedz demeuré indécis et laissé par le dit Barbey (*sic*) sans le poursuivre ; pour M. René Poisson *ad conservationem juris*, le sieur de Bouys en estant pourvu sur la présentation du prieur de St-Laurens de Lyons, *et parendo regiis litteris*, etc., *jure alieno salvo ;* du 1er mars.

308. — 1614. Visa de la cure - vacante par la résignation ou cession du droit prétendu par M. Louis de Gouju et Guillaume Barbé, pour M. René Poisson y ayant droit et estant en procedz avec les susditz Gouju et Barbé avant ladite résignation, *jura juribus addendo*, etc. ; du 23 juillet.

309. — 1642. Visa de la cure de St-Eustache de — vacante par la mort de M. René Poisson, pour M. Guillaume des Auberys, présenté par le prieur commendataire de St-Laurens de Lyons ; du 7 décembre.

310. — 1644. Visa de la cure — vacante par la résignation de M. Guillaume des Aubris (*sic*) en faveur de M. François Pinel ; du 8 janvier.

311. — 1645. Provision de la cure vacante par la démission de M. François Pinel, pour M. Jean de la Porte, présenté par le prieur de St-Laurens de Lyons ; du 17 septembre.

312. — 1646. Provision de la cure — vacante par la démission de M. Guil-laume des Auberys, pour M. Jean de la Porte présenté par le prieur de St-Laurens de Lyons ; du 2 juin.

313. — 1646. Visa de la cure vacante par la résignation de M. Jean de la Porte en faveur de M. Albert Duval ; du 20 octobre.

314. — 1663. Provision de la cure St-Eustache de — vacante par la mort de M. Albert Duval, pour frère Gillles Le Chevalier, religieux de St-Augustin, à la présentation du prieur de St-Laurens de Lyons ; du 26 may.

315. — 1666. Visa de la cure de La Feuillée (*sic*), vacante par la mort du dernier titulaire et par la détention indue d'un religieux bénédictin, *aut alio modo*, pour M. Pierre Paviot, *ad conservationem juris, jure nostro etc. salvo* ; du 3 janvier.

316. — 1666. Provision de la cure de St-Eustache de la Feuillie, vacante par la cession de droit du sieur Pierre Paviot en faveur de M. Jean Chevalier, *ad conservationem juris*, et *jure nostro etc. salvo* ; du 5 décembre.

317. — 1667. Visa de la cure de — vacante par la résignation de M. Jean Chevalier en faveur de M. Claude Le Chevalier ; du 10 novembre.

318. — 1671. Visa de la cure de - vacante par la résignation de M. Claude Le Chevalier, pour M. Charles Lugan ; du 3 janvier ; à Paris.

319. — 1682. Provision de la cure de — vacante par la mort du sieur Lugan, pour M. Adrien-Jules des Fauris, présenté par le prieur de St-Laurens de Lyons , du 11 septembre.

320. — 1700. Provision de la cure de — vacante par la démission du droit prétendu de M. Jean Costel, pour M. Louis Fricourt, *causa permutationis* ; du 3 février.

321. — 1709. Visa de la cure de — vacante par la résignation de M. Louis de Fricourt, pour M. Antoine Fourmentin ; du 30 novembre.

322. — 1711. Visa de la cure de — vacante par la démission de M. Antoine Fourmentin, pour M. Edmond Panel, *causa permutationis* ; du 30 septembre.

LA FEUILLIE. — *Chapelle du château de Richebourg*.

323. — 1708. Provision de la chapelle St-Charles dans le château de Riche-bourg, paroisse de La Feuillie, vacante par la mort de M. François du Jardin, pour M. Nicolas Galopin, présenté par M. de Richebourg, seigneur ; du 16 août.

FLEURY-LA-FORÊT. — *Cure*.

324. — 1676, 13 juillet. Provision de la cure de Fleury-la-Forest, de patronage layque, vacant par la résignation de M. Pierre de la Fosse en faveur de M. Fran-çois de la Fosse.

325. — 1677, 15 juillet. Provision de la cure — vacante par la démission de M. Pierre de la Fosse, pour M. François de la Fosse, présenté par le Roy à cause de la garde-noble des enfants mineurs du seigneur du lieu.

326. — 1689, 23 janvier. Provision de la cure — vacante par la mort de M. François de la Fosse, pour M. Jean-François de la Fosse, présenté par le Roy à cause de la garde-noble des enfants mineurs du seigneur du lieu.

Fleury-la-Forèt. — *Chapelle du Château.*

327. - 1658. Provision de la chapelle de Nostre Dame dans le chasteau de Fleury-la-Forest, doy. de Gisors, vacante par la nouvelle érection, pour M. Pierre Garet présenté par le seigneur du Bout du Bois, *jure nostro etc. salvo* ; 27 novembre, à Paris.

Gaillardbois. — *Cure.*

328. — 1602, 8 juillet. Provision de la cure de St-Pierre de Gaillardbois, doyenné de Gisors, vacante par la mort de frère Pierre Hamard, pour frère Robert Le Fevre, religieux des Deux-Amants, présenté par le prieur du prieuré des Deux-Amants.

329. — 1634, 5 septembre. Visa de la cure de St-Pierre et St-Paul de — doyenné de Gisors, vacante par la résignation du frère Robert Le Febure, pour M. Jean Hureau, chanoine régulier des Deux-Amants, d'où cette cure est mar-quée dépendre.

330. — 1679, 22 décembre. Provision de la cure de SS. Pierre et Paul de Gaillarbois, vacante par la démission de frère Guillaume de Noléval, chan. régu-lier de St-Augustin, pour frère Pierre de Tiremois, présenté par le prieur Claus-tral du prieuré de Ste-Magdeleine des Deux-Amants.

331. — 1680, 15 novembre. Visa de la cure — vacante par la résignation du frère Pierre Tiremois, chanoine régulier, en faveur de frère Pierre Couverchef.

332. — 1703, 20 février. Provision de la cure — vacante par la mort de frère Pierre Couverchef, chan. rég. de St-Augustin, pour frère Charles Chouet, du même ordre, présenté par le prieur claustral du couvent du prieuré des Deux-Amants.

333. — 1703. 6 avril. Provision de la cure — vacante par la démission de Charles Chouet, chan. rég. de St-Augustin, pour frère Hyacinthe Gobert, du même ordre (présenté comme ci-dessus).

334. — 1703, 8 juin. Provision de la cure — vacante par la démission de frère Hyacinthe Gobert pour M. François-David Jobert, religieux du même ordre, pré-senté comme ci-dessus).

Gisors. — *Cure.*

335. — 1698, 21 juin. Visa de la cure de Gisors, vacante par la résignation de M. Nicolas de Saint-André en faveur de M. Henri Thomas de St-André.

Gisors. — *Prieuré de St-Ouen.*

336. — 1618. Visa du prieuré de St-Ouen de Gisors, ordre de St-Benoist, doyenné dudit Gisors, vacant par la cession de la commende de M. Nicolas Robillard, pour M. Philbert Robillard, aussi en commende ; du 15 juin.

337. — 1650. Visa du prieuré — vacant par la résignation de M. Philbert Robillard en faveur de M. Thomas Huet en commende, estant led. prieuré de St-Benoist ; du 9 mars.

338. — 1653. Visa du prieuré vacant par la résignation en commende de M. Thomas Huet en faveur de M. Nicolas Huet ; du 17 janvier.

339. — 1653. Visa du prieuré — vacant par la cession en commende de M. Nicolas Huet en faveur de M. Jean de Long, aussi en commende *ad vitam* ; du 12 septembre.

GISORS. — *Chapelle de Sainte-Catherine.*

340. — 1610. Chapelle de Ste-Catherine, à Gisors, 15 octobre.

341. — 1619. Provision de la chapelle de Ste-Catherine à Gisors, vacante par la mort de M. Nicolas Poussin, pour M. Raoul Dupont, présenté par le seigneur de Flavacourt ; du 22 juillet.

342. — 1643. Provision de la chapelle — en l'église de Gisors, vacante par la mort de M. Raoult du Pont, pour M. Charles Louvet présenté par le seigneur de Flavacourt ; du 16 avril.

343. — 1666, 11 novembre. Provision de la chapelle Ste-Catherine, en l'église St-Protais de Gisors, vacante par la démission de M. Charles Louvet, pour M. Jean Picquet présenté par le marquis de Flavacourt, fondateur et patron d'icelle.

344. — 1685, 13 août. Provision de la chapelle — vacante par la mort de M. Jean Picquet, pour M. Robert Philippe, présenté par M. Charles de Fouilleuse seigneur du lieu.

GISORS. — *Chapelle de St-Laurent de Vaux.*

344 a. — 1602, 16 janvier. Provision de la chapelle de St-Laurens de Vaux, doyenné de Gisors, vacante par la démission de M. Jean Mullotin, pour M. Guillaume du Pessay, présenté par le Roy à cause de la garde-noble.

344 b. — 1632, 23 juin. Provision pour Me Guillaume Auluys de la chapelle de St-Laurent de Vaux près Gisors, vacante par le décès de feu Me Denis Guéroult ; mise en possession par M. de Neelle, doyen de Gisors. Reg. XX, 12 ; *Compulsoire,* 175'.

HÉBÉCOURT (¹). — *Cure.*

345. — 1627, 13 avril. Provision de la cure d'Hébécourt, doy. de Gisors, vacante par la mort de M. Jacques Baudoüyn, pour M. Georges Le Febure, présenté par le Seigneur du lieu.

346. — 1650. Provision de la cure d — doyenné de Gisors, vacante par la mort de M. Claude Robin, pour M. Jean Marteau, présenté par le Seigneur du lieu ; du 31 décembre.

347. — 1652. Provision de la cure de St-Laurens d — vacante par la démission de M. Jean Marteau, pour M. François Le Marquant, présenté par le Seigneur du lieu ; du 21 mars.

(1) Il ne faut pas confondre cette paroisse avec celle d'Heubecourt, dénommée Hébécourt également d'après certains anciens textes ; comprise dans le doyenné de Baudemont, cette cure était à la nomination de prieur de Sausseuse.

347 b. — 1673, 23 mars. Provision de la cure de St-Laurent d'Hébécourt, vacante par la mort du dernier titulaire, pour M. Jean Eudeline présenté par M. Michel Sublet, marquis et seigneur du lieu.

LILLY. — *Cure.*

348. — 1613. Provision de la cure de Lilly-en-la-Forest, doyenné de Gisors, vacante par la mort de M. Lazare Cantelou, pour M. Henry de Becdelièvre présenté par le Seigneur du lieu; du 12 avril.

349. — 1620, 19 septembre. Provision de la cure de St-Pierre de Lilly, vacante par la longue absence et abdication de M. Nicolas Joüa, lequel, à ce qu'on dit, s'est fait religieux de la Rédemption des Captifs pour M. Robert Le Berruier, présenté par le Seigneur du lieu.

350. — 1629. Provision de la cure de St-Pierre de — vacante par la mor. de M. Robert Le Berrurier (*sic*), pour M. Nicolas Eude présenté par le Seigneur du lieu ; du 23 octobre.

351. — 1634. Provision de la cure — vacante par la démission de M. Robert Le Berruyer, pour M. Nicolas Heuldes (*sic*) présenté par le Seigneur du lieu ; du 30 septembre.

352. — 1650. Provision de la cure — vacante par la mort de M. Nicolas Heuldes, pour M. Charles de la Voipierre, présenté par le Seigneur du lieu ; du 5 novembre.

353. — 1653. Provision de la cure — vacante par la démission de M. Charles de la Voipierre, pour M. Guillaume Le Moine, présenté par le Seigneur du lieu ; du 5 septembre.

354. — 1661. Provision de la cure de — vacante par la mort de M. Guillaume Le Moine pour M. Jacques de Verneuil, présenté par le Seigneur du lieu ; du 28 novembre.

355. — 1661. Provision de la cure — vacante par la mort de M. Jacques Verneuil (*sic*) pour M. Nicolas Heudes, présenté par le Seigneur ; du 29 décembre.

LISORS. — *Cure.*

356. — 1635. Visa de la cure vacante par la mort de M. Simon Pépin, pour M. Charles Ruellain présenté par le Seigneur du lieu ; du 15 décembre.

357. — 1656. Visa de la cure vacante par la mort de M. Charles Rouellen, pour M. Charles Ingoult présenté par le Seigneur du lieu ; du 24 octobre.

358. — 1662. Visa de la cure de St-Martin de Lisors vacante par la résignation de M. Charles Ingoult, en faveur de M. François Hervieu, du consentement du Seigneur du lieu ; du 22 avril.

359. — 1694. Provision de la cure — vacante par la mort de M. François Hervieu pour M. François de Boislaville, présenté par M. Charles des Marles (*sic*) seigneur du lieu ; du 18 juin.

360. — 1695. Provision de la cure — vacante par la démission de M. François de Boislaville (*sic*) pour M. Robert Ruellon présenté par M. Charles des Marests (*sic*), seigneur dudit lieu ; du 5 décembre.

Lisors. — *Chapelle du Château.*

361. — 1608. Chapelle de Lizors, doyenné de Gisors, 3 janvier.

362. — 1627. Visa de la chapelle St-Jean du chasteau de Lizors, doyenné de Gizors, vacante par la mort de M. Henry Cavelier, pour M. Florence Brisset présenté par le Seigneur du lieu ; du 3 octobre.

363. — 1632. Provision de la chapelle de St-Jean-Baptiste — vacante par la démission de M. Laurens Brisset (*sic*), pour M. Charles de Marle, présenté par le Seigneur du lieu ; du 16 juin.

364. — 1675. Visa de la chapelle de St-Jean dans la paroisse de — vacante par la mort de M. Charles de Marle, pour M. Jacques Duhamel, présenté par le Seigneur du lieu ; du 19 décembre.

365. — 1678. Visa de la chapelle du manoir de la paroisse de — vacante par la mort de M. Jacques du Hamel, pour M. Damien de Marle, présenté par le Seigneur du lieu ; du 19 may.

366. — 1699. Provision de la chapelle St-Jean-Baptiste paroisse de — vacante par la mort de M. Guillaume Le Preux, pour M. François Buchot, présenté par M. Charles de Varbe (*sic*) seigneur du lieu ; du 30 janvier.

367. — 1706. Provision de la chapelle — vacante par la mort de M. François Buhot (*sic*), pour M. François Le Viguereux, présenté par M. Charles de Marle, seigneur du lieu ; du 10 septembre.

Longchamp. — *Cure.*

368. — 1601, 4 décembre. Visa de la cure de Longchamp, doyenné de Gisors, vacante par la détention indue de Jérome Archeval *aliàs* Thomas Ostade, soy-dissant religieux carme ; pour M. Guillaume Sicard. *ad conservationem juris.*

369. — 1607. Visa de la cure de St-Martin de *Longo ponte deserto vulgo de* Longchamp, doyenné de Gisors, vacante par la résignation de M. Georges Silvy, pour M. Henry Cantel ; du 17 septembre.

370. — 1639. Visa de la cure de St-Martin de Longchamp, *vulgo* le Ressort, vacante par la résignation de M. Henry Cantel, pour M. Guillaume Cantel ; du 19 octobre.

371. — 1653, 2 avril. Provision de la cure de — vacante par la mort de M. Guillaume Cantel, pour M. Jacques Luce, *pleno jure*, l'abbaye de St-Estienne de Caen estant vacante.

372. — 1653. Provision de la cure — vacante par la mort de M. Guillaume Cantel, pour M. Jacques Luce, déjà pourvu de plein droit par Monseigneur et de nouveau présenté par les religieux de St-Estienne de Caen, le siège abbatial vacant, *jura juribus addendo et antiqua conservando* ; avril.

373. — 1696, 19 septembre. Visa de la cure de Longchamp vacante par la résignation de M. Robert d'Auberville, pour M. Antoine Levasseur.

Longchamp. — *Prieuré de St-Nicolas.*

374. — 1602, 23 août. Visa du prieuré ou chapelle de Longchamp, dans la paroisse dudit lieu de Longchamp, doyenné de Gisors, ordre de St-Benoist, dépendant de St-Estienne de Caen, vacant par la résignation ou cession de commende de M. Antoine Boyvin, pour M. Romain Boyvin, *jure alieno salvo*.

375. — 1605, 13 septembre. Visa du prieuré de St-Nicolas de Longchamp, ... vacant par la résignation du droit de M. Romain Boyvin, dernier commendataire, pour M. Claude Boyvin, en commende... *jure alieno salvo*.

376. — 1605. Visa du prieuré de St-Nicolas de Longchamp, doyenné de Gisors, ordre de St-Benoist, vacant par la résignation du droit de M. Romain Boyvin, dernier commendataire, pour M. Claude Boyvin, en commende, ledit prieuré dépendant de St-Estienne de Caen, *jure alieno salvo* ; du 13 octobre.

377. — 1635. Visa du prieuré de St-Nicolas de — ordre de St-Benoist doyenné de (*en blanc*), vacant par la résignation d'un évesque d'Avranches en commende pour et en faveur de M. Guillaume Perricard, du 10 octobre ([1]).

378. — 1665. Visa du prieuré — vacant par la cession de droit de M. Robert Le Blanc en faveur de M. Nicolas Barreau en commende *ad vitam*, du 31 octobre.

379. — 1658. Visa du prieuré — vacant par la résignation de M. Nicolas Barreau en faveur de M. François Hervé, et commende ; du 10 aoust.

LORLEAU. — *Cure.*

380. — 1610. Lorleau, 16 septembre (*indiqué*).

381. — 1621, 29 mai. Provision de la cure de St-Martin de Lorleau, doy. de Gisors, vacante par la mort de M. Ansbert Desmarest, pour M. Guillaume de Caux, de plein droit.

382. — 1622. Provision de la cure de St-Martin de Lourleau, doyenné de Gisors, vacante par la résignation de M. Guillaume de Caux, pour M. Pierre de Caux, *jure alieno salvo* ; du 9 may.

383. — 1628. Visa de la cure — vacante par la résignation de M. Pierre de Caux pour M. Cyprien Susanne, *jure alieno salvo* ; du 12 juillet.

384. — 1629. Visa de la cure — vacante par la résignation de M. Cyprien Susamer (*ou* Susanier), pour M. Pierre Amyot ; du 28 may.

385. — 1629. Visa de la cure — vacante par la résignation de M. Pierre Amyot, pour M. Olivier Le Petit, *causâ permutationis* ; du 12 décembre.

386. — 1646. Visa de la cure de St-Martin de Lorleau, vacante par la résignation de M. Denys Buffet en faveur de M. Nicolas Moncuit, *causâ permutationis* ; du 3 aoust.

387. — 1652. Visa de la cure — vacante par la résignation de M. Nicolas Moncuit en faveur de M. Nicolas *etiam* Moncuit ; du 28 juin.

388. — 1653. Visa de la cure — vacante par la résignation de M. Nicolas Moncuit en faveur de M. Charles de La Voipierre ; du 20 juin.

---

(1) François Péricard, qui succéda à son frère Georges sur le siège d'Avranches en 1587, mourut le 25 novembre 1639 ; il fut remplacé par son neveu et coadjuteur Henri Boivin, ancien doyen de Rouen, fils de Jehan Boivin, conseiller au Parlement de Normandie.

389. — 1671. Provision de la cure — vacante par la mort du dernier titulaire pour M. Bernard de Bezançon, *pleno jure* ; du 19 novembre.

390. — 1674. Provision de la cure — vacante par la démission de M. Paul Duchesne, en faveur de M. Bernard de Bezançon, *pleno jure* ; du 3 octobre.

391. — 1694. Provision de la cure — vacante par la mort du dernier titulaire, pour M. (*en blanc*) Anquetin, de plein droit ; du 8 mars.

392. — 1697. Provision de la cure — vacante par la démission de M. Charles Anquetin, pour M. Michel Huard, par permutation ; du 12 janvier.

LORLEAU. — *Prieuré de St-Paul-en-Lyons*.

393. — 1618. Visa du prieuré de St-Paul de Lyons, doyenné de Gisors, ordre de St-Benoist, possédé autrefois par frère Sauget et à présent en commende sans dispense et titre suffisant par M. Laurent Bruheau ou Bruhaut, pour frère Pierre de Guerville, dudit ordre, *ad conservationem juris, in vim senatus consulti, jure alieno salvo* ; du 1er mars.

394. — 1637. Visa du prieuré — vacant par la résignation de M. Laurens Bruyeau (*sic*), pour M. Jean Roger en commende ; du 9 juin.

395. — 1652. Visa du prieuré de St-Paul en Lyons (*sic*), pour M. Jean Merieult en commende, *ut obtineri consuevit, ad vitam;* du 12 octobre.

396. — 1655. Visa du prieuré — vacant par la cession du droit prétendu par M. René Coiffier, pour et en faveur de M. Mathurin Sublet, en commende, *causa permutationis* ; du 1) juin.

397. — 1658. Visa du prieuré — ordre de St-Benoist *aut alterius ordinis*, vacant par la mort du sieur de Nainville, pour M. François de la Fosse en commende, comme il a accoustumé d'estre possédé, *jure cujuslibet salvo;* du 14 juin.

398. — 1659. Visa du prieuré - vacant par la cession de droit de M. François de la Fosse, en faveur de M. Claude Serré, en commende ; du 4 juillet.

399. — 1685, 21 novembre. Visa du prieuré — vacant par la résignation de M. Michel Picar, en faveur de M. André Margerie.

LYONS. — *Cure*.

400. — 1610. Lions-la-Forest, 8 mars (*indiqué*).

401. — 1610. Lions-la-Forest, 1er juillet (*id.*).

402. — 1632. Visa de la cure de St-Denis de Lyons la Forest, doyenné de Gisors, vacante par la résignation de M. Nicolas Le Peigneux, pour M. Charles Guyot, du consentement du comté de Gisors ; du 14 juin.

403. — 1641. Provision de la cure — vacante par la mort de M. Charles Guyot, pour M. Catharin Gaydon, présenté par le comte de Gisors; du 12 janvier.

404. — 1641. [Répétition du visa ci-dessus] ; du 13 mai.

405. — 1652. Visa de la cure — vacante par la résignation de M. Catharin Gaydon en faveur de M. Pierre Anfroy, ladite cure estant marquée de patronage laïque ; du 3 juillet.

406. — 1684, 7 août. Provision de la cure de Lions, vacante par la mort de M. Michel Fressard, pour M. Augustin Le Paige, présenté par le Roy.

407. — 1693, 28 janvier. Provision de la cure — vacante par la démission M. de Augustin Le Paige, *causa permutationis,* du consentement du patron layque, pour M. Jean Tiphaine, présenté par le Roy (¹).

408. — 1698, 15 mars. Provision de la cure — vacante par la démission de M. Augustin Le Paige à raison de permutation, pour M. Charles Anquetin, présenté par le Roy.

LYONS. — *Prieuré de St-Aubin de Villaines.*

409. — 1609. Prieuré de Vilaines, 23 septembre.

409 b. — 1610. Prieuré de Villaines, 29 décembre.

409 c. — 1627. Visa du prieuré de St-Aubin de Villaines, ordre de St-Benoist, doyenné de Gisors, vacant par la résignation de frère Charles Hucher, pour frère François d'Avreville religieux dudit ordre ; du 9 novembre.

409 d. — 1653. Visa du prieuré — vacant par la résignation de frère François d'Avreville en faveur de frère Jacques de Tiremoys, religieux dudit ordre ; du 13 may.

LYONS. — *Chapelle de St-Jean-Baptiste.*

410. — 1635. Provision de la chapelle St-Jean-Baptiste, en la maison de l'Essard Mador, de la paroisse de Lyons, nouvellement fondée, pour Mᵈ Guy de Nolleval présenté par le seigneur du lieu ; du 27 juin.

LYONS. — *Chapelle de St-Nicolas.*

411. — 1629. Visa de la chapelle St-Nicolas dans le chasteau de Lyons — vacante par la démission ou abandon de titres de M. Jean Le Blanc, pour M. François Le Blanc, présenté par le comte de Gisors; du 4 may.

MAINNEVILLE. — *Cure.*

412. — 1638, 22 décembre. Provision de la cure de St-Pierre et St-Hubert de Mainneville, doy. de Gisors, vacante par la mort de M. Jean Tiboult, pour M. Henry Cantel, présenté par M. de Roncherolles seigneur du dit lieu de Mainneville.

413. — 1652, 23 octobre. Provision de la cure — vacante par la mort de M. Henry Cantel, pour M. Nicolas Baron présenté par le Seigneur du lieu.

414. — 1674, 14 mars. Provision de la cure - vacante par la mort de M. Pierre Hélie, pour Jean de Manant présenté par M. Michel de Roncherolles, seigneur du lieu.

415. — 1682, 13 mai. Provision de la cure — vacante par la mort de M. Jean Desvaud, pour M. François Baron, présenté par le Seigneur du lieu.

416. — 1694, 24 novembre. Provision de la cure — vacante par la mort de M. François Baron, pour M. Robert de Auberville, présenté par M. Claude de Roncherolles, seigneur du lieu.

MAINNEVILLE. — *Chapelle de St-Louis.*

417. — 1639, 22 décembre. Provision de la chapelle de St-Louis dans le chas-

(1) Il paraît que cette permutation fut sans effet.

teau de Mainneville, doy. de (*en blanc*) vacante par la mort de M. Luc Philippe, pour M. Gilles Estevenet, présenté par le seigneur dudit lieu de Mainneville.

418. — 1645, 30 juin. Provision de la chapelle — doy. de Gisors, vacante par la mort de M. Gilles Estevenet, pour M. François de Roncherolles, présenté par le Seigneur du lieu.

419. — 1677, 3 juin. Provision de la chapelle vacante par la mort du dernier titulaire, pour M. Pierre Forestier, présenté par le Seigneur du lieu.

420. — 1706, 16 avril. Provision de la chapelle — vacante par la mort de M. Pierre Fortier (*sic*), pour M. Michel Fatin, présenté par M. Michel de Roncherolles patron et seigneur du lieu.

MARTAGNY. — *Cure.*

421. — 1631. Provision de la cure — doyenné de Gisors, vacante par la mort de M. Jean Maillard, pour M. Jean Baron, présenté par le Seigneur du lieu ; du 23 février.

422. — 1653. Provision de la cure de St-Vincent de — vacante par la démission de M. Nicolas Baron, pour M. Robert Martin présenté par le Seigneur du lieu ; du 19 décembre.

423. — 1656. Provision de la cure — vacante par la résignation de M. Robert Martin en faveur de M. François Mauger, du consentement du Seigneur ; du 13 juillet.

424. — 1687. Visa de la cure — vacante par la démission de M. François Maugé pour M. Charles Anquetin, présenté par le Roy à cause de la garde-noble des enfants mineurs de M. de Médine, seigneur du lieu ; du 9 janvier.

MENESQUEVILLE. - *Cure.*

425. — 1607. Provision de la cure de —, doyenné de Gisors, vacante par la mort de M. Pierre Fouel, pour M. Robert Le Monnyer, présenté au droit et en la place du Seigneur du fief de Charleval, du 16e novembre.

426. — 1644. Visa de la cure — vacante par la résignation de M. Jacques Portanier en faveur de M. Guy de Nolleval, la dite cure de patronage laïque ; du 29 octobre.

427. — 1650. Provision de la cure vacante par la mort de M. Guy Nolleval, pour M. Germain Ferry, présenté par le Seigneur du lieu ; du 19 décembre.

428. — 1653. Provision de la cure — vacante par la mort de M. Germain Ferry, pour M. Isaac Labbé, présenté par le Seigneur du lieu ; du 27 juin.

429. — 1653. Provision de la cure de —, doyenné de Gisors, marqué de Gamaches, vacante par la mort du sieur Labbé, pour M. Jean Bodin, présenté par le Seigneur du lieu ; du 5 octobre.

430. — 1678. Provision de la cure — vacante par la mort de M. Jean Le Maignier, pour M. J.-B. Le Clerc, présenté par le Seigneur du lieu ; du 26 avril.

431. — 1678. Provision de la cure vacante par la mort de M. Jean Le Clerc, pour M. Pierre Olivier, présenté par le Seigneur du lieu ; du 12 septembre.

432. — 1681. Provision de la cure de St-Aubin de — vacante par la démission de M. Pierre Olivier, pour M. François Garach, présenté par le Seigneur du lieu ; du 15 octobre.

433. — 1707, 24 novembre. Provision de la cure — vacante par la résignation de M. François Garache (*sic*) en faveur de M. Cosme Le Roy, la cure étant de patronage laïque.

Mesnil-sous-Verclives. — *Cure.*

434. — 1638. Provision de la cure de Nostre-Dame de — doyenné de Gisors, vacante par la démission de M. Claude d'Ailly pour M. Nicolas de Caux, *causa permutationis* ; pour un canonicat de N.-D. de Rouen ; du 22 may.

435. — 1649. Visa de la cure — vacante pour irrégularité et incapacité de M. Nicolas de Caux, pour M. François Mauger, *ad conservationem juris* ; du 1er juin.

436. — 1651. Visa de la cure, vacante par la détention indue, pour irrégularité, de M. Nicolas de Caux, pour M. Nicolas du Montier, *ad conservationem juris* ; du 14 mars.

437. — 1651. Visa de la cure — vacante par la résignation de M. Nicolas de Caux en faveur de M. Jacques de la Mare ; du 29 mars.

438. — 1671. Provision de la cure — vacante par la mort du sieur de la Mare, pour M. Nicolas Hallot, *pleno jure* ; du 16 aoust.

439. — 1672. Provision de la cure de St-Nicolas (*sic*) de Mesnil-sous-Verclives, vacante par la mort de Jacques de la Mare, pour M. Nicolas Hullot (*sic*) ; du 21 aoust.

440. — 1692, 22 mai. Visa de la cure — vacante par la résignation de M. Pierre Grenier, pour M. Charles-Albert-Claude-Jean-Baptiste de Lyon de Poinsson.

441. — 1698, 11 mars. Visa de la cure — vacante par la résignation de M. Ch.-A.-Cl.-J.-B. de Lyon, en faveur de M. Charles Bourdon.

442. — 1701, 31 mai. Provision de la cure — vacante par la résignation de Nicolas Poupart, pour Jean-Alexandre Estienne, de plein droit.

Mesnil-sous-Vienne. — *Cure.*

443. — 1644. Visa de la cure de St-Aubin de Mesnil-sous-Vienne, doyenné de Gisors, vacante par la résignation de M. Pierre Denyer, pour M. Charles de la Judde ; *causa permutationis* ; du 15 mars.

444. — 1668. Provision de la cure — vacante par la mort du sieur Le Rade, pour M. Mathieu Baron, présenté par M. Jean du Tot, prieur de St-Laurens de Lyons ; du 24 octobre.

Morgny-en-Forêt. — *Cure.*

443. — 1606. Provision de la cure de Morgny-en-Forest, doyenné de Gisors, vacante par la mort de M. Adrien de Montcuyt, pour M. Charles Moignart, présenté par le Seigneur du lieu, au droit de sa femme ; du 13 décembre.

444. — 1608. Morgny, doyenné de Gisors, 12 aoust.

445. — 1645. Visa de la cure — vacante par la résignation de M. Jean Marc en faveur de M. Jean du Puits, du consentement du marquis de Flavacourt seigneur du lieu ; du 22 février.

446. — 1658. Provision de la cure — vacante par la démission de M. Jean du Puits, pour M. Romain Gouslard, du consentement du Seigneur ; du 21 novembre.

447. — 1672. Provision de la cure — vacante par la mort de M. Nicolas Le Roux, présenté par M. Jacques Jubert, seigneur du lieu ; du 22 aoust.

448. — 1672. Visa de la cure (ou administration d'icelle) de Morgny-la-Forest vacante... pour frère Gabriel Goulard, cordelier profès du couvent de Rouen, pour 5 ans seulement, l'administration de la cure estant de patronage laïque et de son consentement, *ad conservationem juris* ; du 22 décembre.

449. — 1673. Provision de la cure — vacante par la mort du frère Gabriel Goulard, religieux cordelier, administrateur d'icelle, pour M. Philippe Caron, présenté par M. Jacques Jubert, seigneur du lieu ; du 9 novembre.

450. — 1676. Provision de la cure — vacante par la mort de M. Philippe Caron ; pour M. Philippe de Mauviel, présenté par le Seigneur du lieu ; du 17 novembre.

451. — 1694. Provision de la cure — vacante par la mort de M. Philippe Mauviel (*sic*) ; pour M. Alexandre Louvel, présenté par M. Jacques Jubert, seigneur du lieu ; du 11 may.

NEAUFLES. — *Cure.*

452. — 1601. Provision de la cure de St-Martin de Neaufle avec son annexe de St-Pierre, doyenné de Gisors, vacante par la mort de M. Nicolas Maricourt et par la résignation ou cession de droit ou possession de la dite annexe de St-Pierre unie à ladite cure, de M. Philippe du Jardin, dernier titulaire de ladite chapelle ou annexe, pour M. Adrien Fournier, présenté par le Seigneur dudit lieu ; du 12 septembre.

453. — 1620. Provision de la cure de St-Martin et St-Pierre de Neaufle — — vacante par la mort de M. Adrien Fournyer, pour M. François Vigneron, présenté par le Seigneur du lieu ; du 2 septembre.

454. — 1662. Provision de la chapelle de la cure de Neaufle vacante par la mort de M. Henry du Vivier, pour M. Gabriel d'Orléans, présenté par le seigneur d'Orléans (*sic*) ; du 25 février.

455. — 1667. Visa de la cure — vacante par la résignation de M. Gabriel d'Orléans, pour M. Nicolas Le Febure ; du 22 aoust.

NEAUFLES. — *Hôpital.*

456. — 1602. Provision du prieuré ou hospital de St-Jacques St-Christofle de Neaufle, doyenné de Gisors, vacant par la démission de M. Guillaume Pericard, pour M. Antoine Marc, de plein droit ; du 22 avril.

457. — 1611. Visa de la chapelle ou hospital de —, vacant par la résignation de M. François Pericard, pour M. Robert de la Reüe, *jure alieno salvo* ; du 2 juillet.

458. — 1616. Visa de la chapelle ou hospital — vacant par la résignation de M. Robert de la Reüe, pour M. Romain de la Reüe ; du 15 octobre.

459. — 1635. Provision de la chapelle — vacante par la démission de M. Romain de la Rüe, pour M. Léger Pelé, de plein droit ; du 12 avril.

460. — 1656. Provision de la chapelle — vacante par la (*en blanc*) de M. Léger Peré (*sic*), pour M. Jacques Gaudin ; du 26 may.

461. — 1658. Visa de la chapelle ou hôpital — vacant par la mort du dernier titulaire et incapacité ou nullité de titres, *aut alio modo*, de plusieurs prétendant y avoir droit, *jure nostro etc. salvo* ; Paris, 10 avril.

462. — 1659. Visa de la chapelle — vacante *certo modo in litteris exprimendo*, pour M. Jacques Gaudin ; Paris, 3 septembre.

La Neufgrange. — *Cure.*

463. — 1626. Provision de la cure de St-Pierre de — doyenné de Gisors, vacante par la désertion du curé, pour M. Richard Durand, présenté par l'abbé de Mortemer ; du 12 aoust.

464. — 1627. Provision de la cure — vacante tant par la mort de M. Richard Durand que la résignation du frère François du Vault ou démission et cession de son droit, pour frère Guillaume Le Blond, religieux bernardin de Mortemer, présenté par le prieur et couvent dudit Mortemer ; du 12 janvier.

465. — 1627. Visa de la cure — pour frère Guillaume Le Blond — déjà pourvu par l'ordinaire sur la présentation des prieur et couvent dudit Mortemer, *jura juribus addendo* ; sans date [enregistré entre les 9 et 13 novembre].

466. — 1628. Visa de la cure — vacante par la cession de droit de frère François Desveaux ou par la mort de M. Guillaume Durant, pour frère Guillaume Le Blond, déjà pourvu, *j. j. a.*, du 7 juin.

467. — 1652. Provision de la cure — vacante par la longue absence du curé pour M. Estienne Boutin, *jure devoluto* ; du 20 aoust.

468. — 1652. Visa de la cure — vacante par la mort du dernier titulaire et *quae tanto tempore vacaverit*, pour M. Estienne d'Hincourt *ad conservationem juris, quia locus plenus est* ; du 3 octobre.

469. — 1655. Provision de la cure — vacante par la mort du dernier curé, pour M. Pierre Paviot, présenté par l'abbé de Mortemer : du 18 mars.

470. — 1684, 3 août. Provision de la cure de la Neufgrange, vacante par la mort de M. Pierre Paviot, pour M. Nicolas d'Hostel, présenté par M. le cardinal Bonze [Pierre de Bonzi], archevêque de Narbonne, abbé de Mortemer.

471. — 1690, 23 décembre. Visa de la cure — vacante par la mort du dernier titulaire, pour M. Nicolas Le Halleur.

Neufmarché. — *Cure.*

472. — 1616. Visa de la cure de Neufmarché, doyenné de Gisors, vacante par la détention indue pour crime, de M. Pierre Cartier, *et quæ tanto tempore vacaverit, et ad conservationem juris. in eventum privationis, et parendo regiis litteris compulsoriis, jure alieno salvo* ; du 22 mars.

473. — 1616. Visa de la cure — vacante par la résignation de M. Pierre Cartier, pour M. Guillaume Nepveu, *j. a. s.* ; du 28 juillet.

474. — 1659. Provision de la cure de St-Pierre de — vacante par la mort du dernier curé, pour M. Michel Camin, gradué sur l'abbaye de St-Evroult ; du 8 juillet.

475. — 1674, 7 février. Provision des cures canoniquement réunies, de Saint-Pierre de Neufmarché et de St-Aubin de Courval, vacante par la mort de M. Pierre Le Baube, pour M Jean Le Baube, présenté par le prieur de Neufmarché.

NEUFMARCHÉ. — *Cure de St-Aubin de Corval*

475 b. — 1612, 7 novembre. Provision du la cure de St-Aubin de Corval, doy. de Gisors, vacante par la mort de M. Adrien Farage, pour M. Pierre Courtoys, présenté par le prieur de Neufmarché.

475 c. — 1625. Provision de la cure de St-Aubin de Corval, doyenné de Gisors, vacante par la mort de M. Couillart, pour M. Jean Denisart, présenté par le prieur de Neufmarché ; du 17 novembre.

475 d. — 1647. Provision de la cure de St-Aubin de Corval réunie à Neufmarché, doyenné de Gisors, vacante par la mort de M. Jean Denisart pour M. Jean Le Baube, présenté par le prieur dudit lieu de Neufmarché ; du 17 septembre (¹).

NEUFMARCHÉ. — *Prieuré*.

476. -- 1610. Prieuré du Neufmarché, 11 septembre (*indiqué*).

477. — 1623. Visa du prieuré de Neufmarché — vacant par la cession de la commande de M. Charles Le Muterel, pour M. Antoine de Nollent, *causa permutationis, jure alieno salvo* ; du 22 juillet.

478. — 1633. Visa du prieuré de — ordre de St-Benoist, vacant par la cession en commende de M. Antoine de Nollent en faveur de M. Nicolas *etiam* de Nollent, *causa permutationis* ; du 13 septembre.

479. — 1634. Visa du prieuré — vacant par la cession de commende de M. Nicolas de Nollent pour M. Charles de Nollent, avec dispense de récitation du bréviaire à cause de l'âge ; du 22 décembre.

480. — 1661. Visa du prieuré de St-Pierre de — vacant par la cession de M. Charles de Nollent, dernier commendataire en faveur de frère François Bosregnoult, religieux bénédictin ; du 14 décembre.

NEUFMARCHÉ. — *Chapelle de Sainte-Madeleine*.

481. — 1653. Visa de la chapelle de Ste-Magdeleine de Neufmarché, pour M. André Doulcemont, présenté par le Seigneur du lieu ; du 19 décembre.

482. — 1663. Provision de la chapelle de Ste-Magdeleine du Neufmarché en Lyons, vacante par la démission de M. Pierre du Pré, pour M. Pierre Le Baube, présenté au nom des enfants mineurs du marquis de La Londe ; du 27 may.

---

(1) Il paraît résulter de cet énoncé que Jean Denisart, curé de Corval, fut nommé curé de Neufmarché, et que successivement Jean Le Baube en 1647, Michel Camin en 1659, Pierre Le Baube, et après la mort de celui-ci, Jean Le Baube II en 1674 ont été pourvus des deux cures réunies.

483. — 1674, 30 janvier. Provision de la chapelle — vacante par la mort de M. Pierre Le Baube, pour M. Jean Le Baube, présenté par le marquis de la Londe.

484. — 1675, 25 juin. Provision de la chapelle — vacante par la mort de M. Jean Le Baube, pour M. Pierre de Bellemanière, présenté par le marquis de la Londe.

NOYON-LE-SEC. — *Cure*.

485. — 1607. Noyon-le-Sec, 30 octobre (*indiqué*).

486. — 1613. Provision de la cure de Noieon-le-Sec, doyenné de Gisors, vacante par la mort de M. François Prinet, pour M. Bertrand de Hochon, présenté par l'abbé de Cormeilles ; du 15 juin.

487. — 1616, 10 septembre. Visa de la cure de Nojon-le-Sec, doy. de Gisors, vacante par la résignation de M. Olivier Haly, pour M. Estienne Lyvet, *jure alieno salvo*.

488. — 1653. Visa de la cure vacante par la mort du sieur Livet, pour M. Gilles de Guyeuro présenté par l'abbé de Cormeilles, diocèse de Lisieux ; du 22 may.

489. — 1656. Visa de la cure vacante par incapacité et nullité de titres de plusieurs prétendants, pour M. Nicolas Le Boulenger, *jure quolibet salvo* ; du 5 septembre, à Paris.

490. — 1658. Visa de la cure — vacante par la résignation de M. François Dautignac, pour M. Nicolas Le Boulenger, *j. q. s.* ; du 8 janvier.

491. — 1669. Provision de la cure de St-Sigismond de Nojon, vacante par la mort de Nicolas Le Boullenger, pour M. Ambroise Loyson, présenté par M. François Roussel de Medavy, pour lors evesque de Saye, [Sées] comme abbé commendataire de l'abbaye de Cormeilles, diocèse de Lisieux, du 12 may.

492. — 1676. Provision de la cure — vacante par la mort du sieur Loyson, pour M. François Quilbeuf, par Mgr de Mesdavy comme abbé de Cormeilles ; du 26 aoust.

493. — 1695. Provision de la cure de St-S. de Noieon le Sec, vacante par la démission de M. François de Quidebeuf (*sic*), pour M. Pierre Barengue, à raison de permutation ; du 9 may.

494. — 1696. Provision de la cure vacante par la démission de M. Pierre Varangue (*sic*), à raison de permutation ; du 24 may.

495. — 1707. Visa de la cure vacante par la résignation de M. François Le Fèvre, en faveur de M. Jean Le Cauchois ; du 11 novembre (¹).

____

(1) Le Registre contient, sous l'année 1634, la mention suivante :

« 1634. Visa de la cure de St-Vincent de Nogent, doy. de Gisors, vacante par la résignation de M. Nicolas Boissay, pour M. Louis Boissey (*sic*), du 1er juin. »

La note marginale *Noieon-le-Sec* est fausse. En effet, le curé Etienne Livet, nommé en 1616, est mort en 1653. D'autre part, le doyenné de Gisors ne comprenait pas de paroisse dénommée Nogent.

PUCHAY. — *Cure.*

496. — 1602. Visa de la cure de Puchay, doyenné de Gisors, vacante par la résignation de M. Eustache Martin, pour M. François Lambert, *causâ permutationis, jure alieno salvo* ; du 17 décembre.

497. — 1603. Visa de la cure de Nostre-Dame de Puchay, — vacante par la résignation de M. François Lambert, pour M. Jacques Lefebvre, *j. a. s.* ; du 19 décembre.

498. — 1626. Visa de la cure de N.-D. et St-Julien de Puchey, vacante par la résignation de M. Jacques Lefebvre, pour M. Jean Thouroude, *j. a. s.* ; du 28 février.

499. — 1626. Visa de la cure de St-Julien de — vacante par la détention indue de M. Jacques Lefebvre pour raison d'incapacité, irrégularité, *aut quae tanto tempore vacaverit*, pour M. Pierre de la Court. *j. a. s., ad cons. j.* du 10 juin.

500. — 1626. Visa de la cure — vacante par la résignation de M. Jacques Lefebvre, pour M. Jean Le Vendanger, *causa permutationis* ; du 1er octobre.

501. — 1637. Visa de la cure vacante par la résignation de M. Jean Le Vendanger, pour M. Pierre Lamy; du 20 aoust.

502. — 1638. Visa de la cure N.-D. — vacante par la résignation de M. Pierre Lamy, pour M. Pierre Le Moine, *causa permutationis* pour Voiereville (doyenné de Bourgthéroulde) ; du 9 décembre.

503. — 1645. Provision de la cure — vacante par la mort de M. Nicolas (*sic*) Le Moine, pour M. Marian Herembourg présenté par l'abbesse et le couvent de St-Amand de Rouen et comme gradué ; du 5 novembre.

504. — 1646. Provision de la cure — vacante par la mort de M. Pierre Le Moine, pour M. Jean Luce présenté par le Seigneur du lieu ; du 2 avril.

505. — 1646. Provision de la cure — vacante par la mort de M. Pierre Le Moine pour M. Jean Luce présenté par le Roy, *ratione litigii, ad conservationem juris* ; du 21 septembre.

506. — 1648. Provision de la cure — vacante par la mort de M. Marian Herembourg, pour M. Jean Luce, ladite cure marquée à la présentation de l'abbesse de St-Amand ; du 17 septembre.

507. — 1649. Visa de la cure vacante par la mort du dernier titulaire, pour M. Pierre Canu ; du 17 avril.

508. — 1650. Répétition du même visa; du 30 septembre.

509. — 1669. Visa de la cure de — vacante par la résignation de M. Jean Luce, en faveur de M. Nicolas Luce ; du 15 may.

510. — 1673. Provision de la cure — vacante par la mort de M. Nicolas Luce, pour M. Guillaume Rousselin, présenté par Mad. l'abbesse de St-Amand de Rouen ; du 14 décembre.

PUCHAY. — *Chapelle Saint-Mathurin de Goupillières.*

511. — 1653. Visa de la chapelle de St-Mathurin en l'église de Puchay vacante par l'abandonnement du dernier titulaire, pour M. Charles Berenger, présenté par le seigneur du lieu ; du 17 octobre.

512. — 1674, 18 décembre. Provision de la chapelle St-Mathurin de Goupil-léres dans la paroisse de Puchay, vacante par la mort de M. Charles Bérenger, pour M. Philippe Le Gouin, présenté par le fondateur.

513. — 1675, 25 octobre. Visa de la chapelle — vacante par la détention injuste du nommé Pierre Le Baube, patron d'icelle, estant en patronage laïque, pour M. Guillaume Rousselin.

ROSAY. — *Cure.*

514. — 1640, 27 septembre. Visa de la cure de N.-D. du Rosay, doy. de Gisors, vacante par la résignation de frère Ildevert Arrachequesne pour M. Ange Arrachequesne, *cum decreto suscipiendi habitum in ordinem canonicorum regularium.*

515. — 1647. Provision de la cure de Rosay, doyenné de Gisors, vacante par la mort de frère Ange Arrachequesne, pour frère Jean Boudeville, chanoine de St-Augustin, présenté par le prieur de St-Laurens de Lyons ; du 11 mars.

516. — 1650. Provision de la cure — vacante par la mort de frère Jean Boudevile, en faveur de frère Jean Andrieu, présenté par le prieur de St-L. de L. ; du 24 mars.

517. — 1691, 12 avril. Provision de la cure de Rosay, vacante par la mort du sieur Le Couteulx pour frère Alexandre de Maintenant, chanoine dudit ordre, présenté par M. Jean du Tot abbé ou prieur commandataire du prieuré de Saint-Laurent de Lyons.

518. — 1691, 17 juillet. Provision de la cure — vacante par la mort de Alexandre de Maintenant, chanoine régulier, pour frère George de Courcol, présenté par M. Jean du Tot, prieur commendataire de St-Laurens de Lyons.

519. — 1693, 23 novembre. Provision de la cure — vacante par la mort de frère George de Courcel (*sic*), chan. régulier, pour frère Jean Canu, du même ordre, chan. rég. de St-Augustin, présenté par M. Jean du Tot, prêtre, prieur commendataire de St-Laurent de Lyons.

520. — 1696, 4 novembre. Provision de la cure de Rosay vacante par la démission de frère Jean-Baptiste Canu, chanoine régulier, pour frère Jacques de Hemet du Haume, du même ordre, présenté par le prieur de St-Laurent-en-Lyons.

521. — 1704, 19 décembre. Provision de la cure — vacante par la démission ou révocation de frère Jacques de Haume, chanoine régulier de St-Augustin, pour frère Jean-Baptiste Cossard, prêtre et religieux du même ordre, présenté par M. Jean du Tot, prieur commendataire de St-Laurent de Lyons.

SAINT-DENIS-LE-FERMENT. — *Cure.*

522. — 1601, 6 février. Provision de la cure de St-Denis-le-Ferment, doy. de Gisors, vacante par la privation, inhabileté, incapacité et sentence de l'Official, contre le sieur Antoine de Heuqueville, pour M. Hugues Grandin, présenté par le Seigneur du lieu.

523. — 1620. Provision de la cure de — doyenné de Gisors, vacante par la mort de M. Hugues Grandin, pour M. Henry de Becdelièvre, présenté par un des seigneurs, à son tour de nommer : du 12 décembre.

524. — 1661. Provision de la cure de — vacante par la mort de M. Henry de Becdelièvre pour M. Pierre Davy (*sic*), présenté par le Seigneur du lieu ; du 20 aoust.

525. — 1662. Provision de la cure — vacante par la mort de M. Pierre David, pour M. Michel Le Boulenger, présenté par le Seigneur du lieu ; à Gaillon, le 27 juin.

526. — 1665. Provision de la cure — vacante par la résignation de M. Michel Le Boulenger en faveur de M. Michel de Gaillardbois, du consentement du Seigneur ; du 18 mars.

Saint-Martin-au-Bosc. — *Cure*.

527. — 1621. Provision de la cure de St-Martin-au-Bosc, doy. de Gisors, vacante par la mort du dernier curé ; pour M. (*en blanc*) présenté par (*en blanc*) ; du 4 janvier.

528. — 1639. Provision de la cure — vacante par la mort de M. Pierre Herpin, pour M. Jacques de Chaumont, présenté par le Seigneur du lieu ; du 5 avril.

529. — 1680, 11 janvier. Provision de la cure — vacante par la mort de M. Jacques de Chaumont, pour M. Antoine Villeneuve, présenté par le Seigneur du lieu.

Saint-Paer. — *Cure*.

530. — 1607. Provision de la cure de St-Paër doyenné de Gisors, vacante par la mort de M. Estienne de la Rue, pour M. Henry Cantel, présenté par le seigneur du lieu ; du 16 février.

531. — 1608. St Paer, doyenné de Gisors, 16 septembre.

532. — 1609. Id., 5 janvier.

533. — 1629, 15 février. Provision de la cure de St-Paër, doy. de Gisors, vacante par la mort de M. Antoine Paneville, pour M. Philippe Martin, présenté par le Seigneur du lieu.

534. — 1661. Provision de la cure — vacante par la mort de M. Philippe Martin, pour M. Philippe *etiam* Martin, présenté par le Seigneur du lieu ; du 1er octobre.

535. — 1661. Provision de la cure de St-Paër, *alias* St-Poix, vacante par la mort du sieur Martin, pour M. Julien Le Tavernier, présenté par le Seigneur du lieu ; du 17 octobre.

Saucourt. — *Cure*.

536. — 1602. Visa de la cure de — doyenné de Gisors, vacante par la détention indue pour crime commis par M. Elie Feugueur, pour M. Silvestre Pinchon, du consentement du sieur de Presteval, fondateur, *jure alieno salvo* ; du 20 juin.

537. — 1609. Saucourt, 31 septembre (*indiqué*).

538. — 1616. Visa de la cure — vacante par la détention indue pour M. Louis Le Goust pour symonie, pour M. Louis Seucrey, du consentement du Seigneur du lieu, *ad conservationem juris, in eventum privationis, parendo litteris regiis compulsoriis, j. a. s.*; du 1er juin.

539. — 1669. Provision de la cure — vacante par la mort du sieur Sieuré, pour M. Balthazar Le Boucher présenté par le seigneur de St-Paër ; du 21 mars.

540. — 1671. Provision de la cure — vacante par la mort du sieur Boucher (*sic*), pour M. Claude de la Mare présenté par M. Robert Aubry et Alexandre de Vieupont, tant pour eux qu'au nom de M. Claude Aubry marquis de Vatan et de M. J.-B. de Lamy, marquis de Raré ; du 10 avril.

541. — 1671. Provision de la cure — vacante par la mort de M. Balthazar Boucher pour M. Pierre Besnier, présenté par M. Claude Aubry, seigneur dudit lieu et patron, soi-disant à cause da la seigneurie de St-Päer ; du 5 may.

542. — 1677. Provision de la cure — vacante par la mort du dernier titulaire ; pour M. René Durand, présenté par le seigneur du lieu ; du 24 février.

543. — 1691. Visa de la cure de St-Clair de — vacante par la résignation de M. René Durand du consentement du patron laïque, en faveur de M. Estienne Durand ; du 10 mars.

Le Saussay. — *Cure.*

544. — 1638. Visa de la cure de St-Martin du — doyenné de Gisors, vacante par la mort de M. Marguerin Mazurier, pour M. Charles de Marles, présenté par le seigneur du fief de Heuqueville, patron alternatif pour un tour, avec le Seigneur du lieu pour deux tours ; du 5 novembre.

545. — 1675. Provision de la cure — vacante par la mort de M. Charles le Marles (*sic*) pour M. Charles de la Vache, présenté par le Seigneur du lieu ; du 27 juillet.

546. — 1691. Provision de la cure — vacante par la mort de M. Charles de la Vache, pour M. Gabriel Mauger présenté par M. Charles de la Vache (*sic*), seigneur du lieu ; du 27 novembre.

Le Thil. — *Cure* (¹).

547. — 1644. Visa de la cure de Nostre-Dame du Thil, doyenné de Gisors, vacante par la résignation de M. Robert de Goupillières, pour M. Guillaume Cantelou, ladite cure de patronage laïque ; du 14 may.

548. — 1645. Provision de la cure — vacante par la mort de M. Guillaume Cantelou, pour M. Jean Chevalier présenté par le Seigneur asseurant estre patron ; du 22 février.

549. — 1645. Provision de la cure, vacante par la mort de M. Guillaume Cantelou, pour M. Pierre du Hamel présenté par le chanoine prebendier du Thil à N.-D. de Rouen ; du 21 mars.

(1) Dans le diocèse de Rouen se trouvait une autre paroisse, Saint-Sulpice du Thil, au doyenné de Brachy ; en décembre 1652, cette paroisse est dite appartenir au doyenné de Neufchâtel-en-Bray.

550. — 1663. Provision de la cure — vacante par la démission de M. Jean Le Chevalier, pour M. Philippe Le Febure, *causa permutationis*, de plein droit ; du 15 may.

551. — 1677. Provision de la cure — vacante par la mort du dernier titulaire, pour M. René Vallot, présenté par le Seigneur du lieu ; du 1er avril.

552. — 1684. Provision de la cure — vacante par la mort de M. René Vallot, pour M. Jacques Allais, présenté par M. Georges Jubert, seigneur du lieu ; du 12 septembre.

553. — 1685. Provision de la cure — — pour M. Charles Gouffier, présenté par M. Nicolas Paris, chanoine et prébendé de N.-D. de Rouen, à cause de sa prébende dite du Thil ; du 7 juin.

554. — 1685. Provision de la cure — vacante par la démission de M. Charles Allais, pour M. Louis Richard présenté par M. Georges Jubert, seigneur du lieu ; du 12 octobre.

TIERCEVILLE. — *Cure.*

555. — 1620. Provision de la cure de Tiergeville ou Tierceville, doyenné de Gisors, vacante par la mort de M. Pierre Fournier, pour M. François Mahault présenté par le Seigneur du lieu ; du 12 janvier.

(*En marge :* N'a point été levée).

556. — 1620, 19 décembre. Provision de la cure de Tiergeville, à présent Tierceville, vacante par la résignation ou cession de droit de M. François Mahault, pour M. Antoine Gobert, du consentement du Seigneur.

557. — 1650. Provision de la cure de Nostre-Dame de — vacante par la mort de M. Antoine Gobert, pour M. Louis Lores, présenté par le seigneur du lieu ; du 27 may.

558. — 1654. Provision de la cure — vacante par la démission de M. Louis Lores, pour M. Pierre Daufresne, présenté par le Seigneur du lieu ; du 6 novembre.

559. — 1685. Provision de la cure — vacante par la mort de M. Pierre d'Aufresne, pour M. Nicolas Gautrin, présenté par M. Quentin de Mahault, seigneur du lieu ; du 3 mars.

560. — 1693. Provision de la cure — vacante par la mort de M. Jean (*sic*) Gautrin, pour M. François Robin, présenté par M. Jean Alphonse de Mahault, chevalier, seigneur dudit lieu.

561. — 1693. Provision de la cure — vacante par la démission de M· François Robin, pour M. René Pierre Rocquelin, présenté par M. Jean Alphonse de Maho (*sic*), chevalier, seigneur du lieu ; du 11 décembre.

TOUFFREVILLE. — *Cure.*

562. — 1600. Visa de la cure de St-Pierre de — doyenné de Gamaches ou plus tost de Gisors, vacante par la simonie commise par M. Jean Delessart *aut alio modo*, pour M. Georges de La Faye, *ad conservationem juris* et *jure alieno salvo* ; du 8 mars.

563. — 1624. Provision de la cure de St-Pierre de — lez Escouys, doyenné de Gisors, vacante par la mort de M. Jean Delessart, pour M. Jacques Le Noble présenté par l'abbé de St-Evroult, diocèse d'Evreux ; du 17 janvier.

564. — 1624. Provision — — pour M. Robert Grillart, comme gradué, par l'abbé de St-Evroult, *ad cons. j.* ; du 28 mai.

565. — 1624. Provision — — pour M. Jean Le Noble, présenté par le Roy à cause du litige entre patrons, déjà pourvu de ladite cure, *jura juribus addendo* etc., du 19 septembre.

566. — 1628. Visa de la cure — vacante par la résignation de M. Jacques Le Noble, pour M. Toussaint Carpentier, *j. a. s.* ; du 10 mars.

TRANSIÈRES. — *Cure.*

567. — 1616, 2 mars. Provision de la cure de St-Michel de Transières, doy. de Gisors, vacante par la résignation de M Jean Hoteller pour M. Marian Regnouard, *jure alieno salvo.*

568. — 1622. Provision de la cure de St-Michel de — doyenné de Gisors, vacante par la mort de M. Thomas Le Clerc, pour M. Jean Bourdin, présenté par l'abbé de St-Ouen, *ad conservationem juris* ; du 29 août.

569. — 1622. Visa de la cure vacante par la résignation ou cession du droit de M. Thomas Cler ou Olet, pour M. Robert Marc, *ad cons. j.*, *in vim senatus-consulti*, le lieu estant remply, *jure alieno salvo* ; du 23 novembre.

570. — 1625. Provision de la cure — vacante par la mort de M. Marian Renouard, pour M. Guillaume Le Clerc présenté par l'abbé de Saint-Ouen ; du 5 février.

571. — 1622. Provision — pour M. Jean Thouroude, présenté par l'abbé de St-Ouen *ad cons. j.*, le lieu estant remply de la personne de M. Guillaume Le Clerc sur la présentation du vicaire général dudit abbé ; du 12 mars.

572. — 1625. Visa de la cure — vacante par la résignation de M. Guillaume Le Clerc pour M. Jacques Gosselin, *ad cons. j.*, le sieur Thouroude en estant pourvu, *j. a. s,* ; du 22 novembre.

573. — 1629. Visa de la cure — vacante par la résignation de M. Jacques Gosselin pour M. Charles Benard ; du 5 mars.

574. — 1649. Provision de la cure — vacante par la mort de M. Charles Benard, pour M. Guillaume Pepin, présenté par les religieux et couvent de St-Ouen de Rouen, à cause de l'absence notoire de l'abbé, du 17 novembre.

575. — 1679. Provision de la cure — vacante par la mort de M. Guillaume Pepin, pour M. Georges du Jardin, présenté par le prieur et couvent de St-Ouen, patrons soi-disant ; du 1er décembre.

576. — 1688. Visa de la cure — vacante par la mort de M. Dujardin, pour M. Antoine de l'Assault ; du 5 juillet.

LE TRONQUAY. — *Cure.*

577. — 1603. Visa de la cure du — doyenné de Gisors, vacante par la rési-

gnation de dom Martin Le Mire, pour dom Robert Le Prévost, religieux prémonstré, *jure alieno salvo*; du 16 aoust.

578. — 1627. Provision de la cure de St-Ouen du — vacante par la mort de
frère Gilbert Le Prévost (*sic*), pour frère Nicolas Gaugain religieux prémonstré,
présenté par l'abbé de l'Isle-Dieu ; du 13 octobre.

579. — 1633. Visa de la cure — ordre de Premonstré, vacante par la résignation de frère Nicolas Gauguin pour frere Jacques Deshayes, du mesme ordre ;
du 2 décembre.

580. — 1634. Provision de la cure — vacante par la mort de frère Jacques
Deshayes, pour frère Henry de la Mare, prémonstré, présenté par l'abbé de L'Isle-
Dieu ; du 29 juillet.

581. — 1654. Provision de la cure — vacante par la mort de frère Henry de la
Mare, pour frère Antoine Le Danois, chanoine prémonstré, présenté par l'abbé
de l'Isle-Dieu ; du 27 mars.

582. — 1674. Provision de la cure — vacante par la mort de frère Antoine Le
Danois chanoine régulier prémonstré, pour frère Jacques Tubeuf, présenté par
l'abbé de l'Isle-Dieu ; du 8 juin.

583. — 1689. Visa de la cure — vacante par la résignation de dom Jacques
Tubeuf, chanoine régulier en faveur de dom André de Caumont ; du 27 juillet.

584. — 1710, 27 septembre. Provision de la cure, vacante par la mort de frère
André de Caumont, pour frère Augustin de Caumont, présenté par l'abbé commendataire de l'Isle-Dieu.

VERCLIVES. — *Cure.*

585. — 1603. Provision de la cure de Varclive, doyenné (*en blanc*) vacante
par la mort de M. Michel Marquant, pour M. François Grignon, présenté par
M. l'abbé d'Aumale ; du 29 septembre (¹).

586. — 1604. Provision de la cure de — doyenné de Gisors, vacante par la
mort de M. Charles Perier, par la non acceptation ou démission de M. Symon
de la Mare, pour M. Jacques Joüen présenté par le Seigneur du lieu ; du 1er mars.

587. — 1627. Provision de la cure de Verquelive vacante par la mort de
M. Jacques Joüa (*sic*) pour M. jean Rousselin présenté par le Seigneur du lieu ;
du 19 septembre.

588. — 1651. Provision de la cure vacante par la mort de M. Jean Rousselin, pour M. Jean Caron présenté par le Seigneur du lieu , du 11 janvier.

589. — 1668. Provision de la cure — vacante par la démission de M. Jean
Caron, pour M. Pierre Boismare, ladite cure marquée appartenant aux enfants
mineurs de M. de Ste-Colombe, et sans présentation de leur part ; à Gaillon, du
5 janvier.

590. — 1710. Provision de la cure — vacante par la mort de M. Pierre Boi-
mare (*sic*), pour M. Nicolas Chédeville, à la présentation du Seigneur du lieu ;
du 27 juin.

(1) Il parait douteux qu'il s'agisse bien ici de Verclives, au doyenné de Gisors.

TABLE DE LA PREMIÈRE PARTIE

Les chiffres entre parenthèses donnent les numéros extrêmes des articles

SOMMAIRE DE LA SECONDE PARTIE

www.ingramcontent.com/pod-product-compliance
Lightning Source LLC
LaVergne TN
LVHW050101060726
842524LV00003B/856